公務員のための人材マネジメントの教科書

部下を育て活かす90の手法

高嶋直人　著

ぎょうせい

まえがき

●人事管理ではなく、人材マネジメント

この本のタイトルは「人材マネジメントの教科書」です。「人事管理の教科書」ではありません。それには理由があります。「人事管理」という言葉には職員を「管理する職員」と「管理される職員」に分ける発想があります。しかし、マネジメントの本質は、職員を「活かし育てる」ことです。「管理」はそのために行う行動の一部に過ぎません。確かにマネージャーには、時に管理することが求められることもあります。しかし、それはあくまでも手段であり決して目的ではありません。

●マネジメントは専門スキル

「うちの役所にはマネジメントが存在しない。」民間から公務員に転職した多くの職員が口にする言葉です。上司が替わるたびに仕事の進め方が変わったり、マネジメントが全く不得手のマネージャーがいたりします。マネジメントが組織存亡のカギと考える民間企業とは大違いで

す。上司のマネジメントスタイルがバラバラであること自体問題です。多様性は必要ですが、組織マネジメントの不在の結果として発生する多様性は、求められる多様性ではありません。マネジメントはマネージャーが皆身につけるべき専門スキルであるという意識を共有し、その習得に組織をあげて取り組む必要があります。

●真の民間マネジメント

民間企業のマネジメントは業種によって実にさまざまです。抽象的で無色透明な「民間企業」はどこにも存在しません。多くの民間企業では、他の企業と同じマネジメントをしていたのでは競争に負けてしまうと考え、絶えず進化し続けています。公務員が今、数年前の民間企業で行われたマネジメントを民間企業でマネジメントを実践したことがない者から学ぶことは、自ら「周回遅れ」を選んだことに他なりません。

●真に公務員向けのマネジメント

マネジメントは民間の専売特許ではありません。非営利組織である公務組織では、マネジメントの前提条件が民間企業と大きく異なります。公務員を取り巻くさまざまな制約条件を踏まえた「真に公務員向けのマネジメント」が必要です。もちろんそれは、今の公務組織のマネジメントを正当化することを意味しません。環境の変化に適応するため大胆に改革していく必要があります。改革するために民間から謙虚に「学ぶ」ことは大切です。しかし、「まねる」ことは危険です。主体的に取捨選択できる力をまず身につけるため、非営利組織のマネジメントを学ぶ必要があります。「真に公務員向けのマネジメント」を学ぶ意義はそこにあります。

●理論に裏打ちされた実践的マネジメント

世の中には、成功者による個人の勘と経験だけに基づく「マネジメント自論」が溢れています。多くの成功者の自論を学び自分の中で主体的に整理して「自分の持論」に変える。こんな帰納法的方法で学ぶことも、マネジメントを学ぶ一つの方法です。しかし、それには膨大な時間と労力が必要です。一方、一般的な理論を体系的に学び現場に応用する。このように演繹的な方法で学ぶことも一つの方法です。しかし残念ながら、理論を実践に繋げるための試行錯誤にも膨大な時間と労力が必要となります。マネージャーにとってマネジメントは、実践できて初めて意味を持ちます。限られた時間と労力の中では、「理論に裏打ちされた実践的マネジメント」を学ぶことが必要です。

本書は、この「理論に裏打ちされた人材マネジメント」をできる限りわかりやすく紹介したものです。筆者が個人的な考えを話しているかのように書かれていますが、実は読みやすさ、わかりやすさのためであり、極力、筆者の個人的な経験や考えだけでは語らないよう努めています。

記述の背景には多くのマネジメント理論があります。しかし、具体的な理論を紹介することはあえて避けています。読者の皆様が目指されるのは、マネジメントの専門家ではなく実践者だからです。

本書は、公務員である上司が、部下を活かし育てるために知っておくべきことを、90の手法という形で整理しています。順不同でどの手法から読み始めていただいても結構です。できれば常に手元に置いていただき、ご自身の行動を振り返る際のチェックにご使用いただければと思います。

本書が、上司である立場の公務員の皆さんの参考になり、職員一人ひとりが職場で活かされ大きく育つ環境が作られ、公務員としての夢の実現に少しでも貢献できれば幸いです。

2019年10月

高嶋　直人

目次

第2章 部下を伸ばす50の手法

第3章　モチベーションを引き出す20の手法

第1章

新人を育てる20の手法

1 公務員の基本を理解させる。

●公務員らしい公務員？　公務員らしくない公務員？

公務員の中にも「公務員らしくない公務員」を肯定的な言葉として使う人が多いという現状をどのように受け止めるべきでしょうか。「公務員らしい」という言葉に込められた悪い意味を公務員の間でも共有している。これは、残念な事態と言わざるを得ません。この風潮によって、新人研修において、これから公務員として頑張ろうとしている新人に対し最初から「民間に倣え」という内容の研修を実施し、しかもそのことに誰も違和感を持たない状況が一部にあります。

また、このような風潮は、現場の上司に新人教育に関する悩みを抱かせます。自分が思う公務員像を教えていいのだろうか。言い換えるならば、「公務員らしい公務員」に育てるべきか、それとも「公務員らしくない公務員」に育てるべきか迷うのです。

公務組織に改革は必要です。しかし、その組織の一員となることを目指し努力し、ようやく夢が叶い、希望に満ちた新人公務員に対し、いきなり組織を否定するような教育をすることには疑問があります。

●「公務の専門家」であるために

公務員は「公務の専門家」でなければなりません。それには、公務を考え、公務員としての基本を理解させる必要があります。自分の仕事と組織に誇りが持てるような動機づけをすることが公務員の新人教育の一番の目的であるべきです。

つまり、肯定的な意味で「公務員らしい公務員」に育てるべきです。全ての職業にはその職業ならではの専門性が求められます。公務員も決して例外ではありません。「公務の専門家」として高度なレベルの専門性が求められます。

厳しい公務員批判が長く続いたせいで、自分の職業、組織についてこれだけ自虐的である集団は公務組織の他にないかもしれません。自分達を客観視して謙虚に現状を改革する姿勢は大事ですが、公務員になった新人の教育をいきなり逆説的な戒めからスタートすることには疑問があります。
新人には、公務員批判を早く教えて、組織改革の担い手となることを期待したくなります。しかし、それも公務員としての基本を理解して初めて正しく理解できます。研修も、そして現場の上司が行うＯＪＴも、新人公務員に対しては正攻法で、公務員の基本をしっかりと教え込むことからスタートしましょう。

Point

・肯定的な意味で、「公務員らしい公務員」を育てる。
・公務員批判を謙虚に受け止め、改革を図ることは必要である。
・しかし、新人公務員には正攻法で、まず公務員の基本を教えよう。

2 公務の特性を理解させる。

公務には民間にはないさまざまな特性があります。「特性」という言葉に抵抗があれば、「違い」と受け止めていただいても結構です。

どうして公務員は「全体の奉仕者」と位置付けられているのか、公務員の行動規範はどうして厳しいのかについて、公務員になった最初の時期にしっかりと理解させておく必要があります。

●公務は「消費者を選べない」

公務と民間で一番違う点は、公務は「消費者を選べない」という点です。民間企業は顧客を選ぶ自由があります。まずお金を払った人、払えそうな人だけを顧客にできます。しかし、公務の場合、住民をそのように区別することは差別となり決して許されません。

「負担者」と「受益者」が異なるのも公務の特徴です。民間企業は代金と商品やサービスは買い手と売り手の間の等価交換です。お金を払った人に払った分だけの商品、サービスを提供します。しかし、公務の場合は、税金を支払うことと行政サービスを受けることとの間にそのような関係は存在しません。等価も存在しません。このことは、公務では民間企業と同じように顧客満足を最大化することだけでなく、同時に納税者全体の意見を踏まえた行政運営を心がけることも求められることを意味します。

サービスの提供を休止する自由がないことも公務の特徴です。民間企業は儲からなくなったらその事業から撤退できます。しかし、公務は議会の承認など民主的な手続きを経ない限り、自分達の判断で撤退することは許されません。特に自然災害が発生した時、この違いが明確になります。民間企業も営業再開に向けて必死の努力をしますが、緊急避難として休業する自由があります。しかし、公務はどんな危機的状況の中でも原則として休業することは許されません。これまでの業務に災害対応の業務が加わり、業務は急増します。このことは民間企業と同じ発想のリスクマネジメントでは対応不可能であることを意味します。災害に対する組織的な備えについて民間企業と同じでは機能しないのです。

●公務の中には民間にできない業務がある

業務の見直しについても差異があります。常に公務には、予算主義で硬直的、前例踏襲で不要不急な業務が多く残されているといった批判があります。確かにそのような批判を謙虚に受け止め、不断の見直しを図る必要があります。しかし、公務には民間企業にとっての収益に当たる明確な指標が存在しないという構造的性格があることも事実です。収益に相当する公務の指標を「住民の幸福」に求めるとしても、それを測る方法はさまざまです。多数決だけを指標とすると少数の住民を犠牲にしてしまいます。一方で少数の意見を反映するにも予算的な限界があります。民間との補完関係にも留意が必要です。公務として行う業務の中には、民間企業がやらない業務や任せられない業務が多く含まれるからです。誰かがやらないといけない業務から民間企業が行う業務を引いた残りを公務組織が引き受けるという構造もあるのです。

以上のような公務の特殊性をまず新人には理解させましょう。民間企業の改革手法を学ぶ必要はあります。しかし、以上のような公務の構造的制約を正しく理解して初めて建設的な考えが生まれます。

民間から学ぶ前に公務を学ぶ。その手順は重要だと思います。基本があって初めて応用が利きます。パソコンに例えると「公務というＯＳ」があって初めて「民間というアプリ」が動きます。

現場の上司も同じです。公務員の先輩だからこそ教えることができることを新人に教えてください。公務の構造的特性、公務員としての使命感を自分の言葉で語ってください。

公務員になって早々に自分が選んだ職業の悪い面だけを教えられてやる気が起きる新人はいません。公務員としての誇りをもって「公務」を語る上司から新人は多くを感じ取り、成長します。

Point

・公務には民間にはない構造的な特性がある。
・新人には、使命感とともに公務の特性を教える。
・上司は、誇りを持って「公務」を語ろう。

3 公務員としてのプロ意識を持たせる。

●より高い倫理感・行動規範

「公務員である前に社会人である」必要があるのは確かです。しかし、社会人共通の行動を教えるビジネスマナー研修だけでは公務員としてのプロ意識は育ちません。確かに世間の常識から逸脱した公務員を作ってはなりません。そういう意味で「公務員である前に社会人である」必要はありますす。しかし、新人公務員に対して、社会人になる教育に終始したのでは、公務員としてのプロ意識を持たすことはできません。

公務員には専門職として高い倫理感が求められます。そしてその倫理感は公務員としてのプロ意識を持つことから生まれます。公務員としてのプロ意識を持たせ、社会人として共通に求められる行動規範は最低レベルと位置付け、公務員だからこそ求められるより高いレベルの倫理感や行動規範を教える必要があります。

●学ぶことは義務

公務員は、「行政を担うプロ」としての高い専門性を自分の責任で身につけることが求められます。自分の仕事に責任を持つだけでなく、その仕事をするために必要な専門性の習得も自分の責任であると認識させる必要があります。能力不足について、それは組織の責任でも上司の責任でもなく自分の責任であるという意識です。

新人公務員は、これまで学生生活において、自分がお金を払って学んで来た経験から、学ぶことは義務ではなく権利と勘違いしている場合があります。しかし、組織に入った以上そこで行われる教育は仕事そのものであり、学習する側に基本的に学ぶか学ばないかを選択する権利はなく、学ぶことが義務であることを最初の段階に正しく理解させることが重要です。

プロとは、「言い訳が許されない存在」と言えます。他人や環境のせいにせず、当事者意識を持って全てに最善を尽くす「最後まで逃げない人」です。また、「自分で自分を律する存在」とも言えます。誰かに何かを「される側」から、自分が誰かに「する側」に立場が代わったことをしっかりと理解させましょう。

公務員の仕事の中には、短期的、直接的に報酬や評価が得られないものが多く含まれます。

対価を求めるような仕事観では挫折しやすくなります。対価を期待せず、プロとしての正しい意味のプライドをもって自己犠牲を厭わない。このレベルまでのプロ意識を持たせ、大きく育つきっかけを与えましょう。

Point

・ビジネスマナーなど一般的な社会人教育は最低レベルの教育と位置付ける。
・「公務員としてのプロ意識」を持たせる。
・学ぶことは義務であり、言い訳をしたり、逃げたりしないことを教え、プロとしての正しいプライドを持たせよう。

4 組織のビジョンを理解させる。

●「ビジョン」とは何か

自分が所属した組織が何を目指しているかを具体的に理解することで、目の前の仕事の意義がわかったり、自分のキャリアが具体的にイメージできたりします。ただし「ビジョン」とはわかるようでわからない言葉です。わかりやすく言えば、「将来、そうなっていたい姿」です。その姿が具体的にイメージされ、その実現のための戦力となることが期待されていることを新人のうちに理解させることで、組織に対する「健全な貢献意識」を持たせることができます。

組織に取り込まれて依存し安住してしまうのも、また、組織から遠く距離を置き仕事は生活の手段と割り切るのも、職業人生としては不幸です。一度しかない自分の人生の一番長い時間を費やす公務員としての仕事や、長い時間を過ごす職場に対して、誇りを持ち、自ら貢献しようと思うことができれば、職員個人にとっても、そして組織全体にとってもいい結果がもたらされます。

組織全体のビジョンは、すでにさまざまな形で示されています。しかし、それをただ印刷し配布するだけでは決して浸透しません。理解したとしても他人事として捉えたのでは意味がありません。そのビジョンを皆で議論し、その実現のため何をすべきかを自分事として考えさせる必要があります。

●組織全体のビジョンを実現するために

私は、全国の自治体で研修を行う際、ビジョンを実現するための職員の行動規範について演習形式によって参加者同士で議論し、改めて自分達で策定してもらいます。既存のビジョンが共有されている職場とそうでない職場ではスタートラインが違い、結果に大きな差が出ます。ビジョンの浸透度と成果には相関があります。誰も自分の組織の目標を知らず、目の前の仕事に追われている職場では、まずビジョンとは何かと戸惑い、職員の行動規範まで議論が発展しません。ビジョンを浸透させ、職員の行動規範と結びつける必要があります。そうでなければ、職員の行動規範は組織全体のビジョン実現のためにあるという積極的な意味があるにもかかわらず、職員の行動規範は不祥事防止のための服務規律とのみ捉えられ、職員の多くが「ルールがあるから守るしかない」と消極的意味合いで受け止めてしまいます。

本来公務員倫理とは、「○○をしてはならない」という「消極的倫理」だけでなく、「○○をしなければならない」という「積極的倫理」が含まれます。法令違反をしないだけでは倫理感の高い公務員とは言えません。「積極的にいいことをする」という倫理感を養うために、新人公務員には組織全体のビジョンを理解させましょう。

Point

・ビジョンの理解は、組織に対する健全な貢献意識を育て公務員人生を豊かにする。
・職員の行動規範は組織ビジョンと深く連動してこそ積極的な意味を持つ。
・「○○をしてはならない」という消極的な倫理感だけでなく、「○○をしなければならない」という積極的な倫理感を持たせよう。

5 コンプライアンス意識を持たせる。

●コンプライアンス意識は新人のうちに

「鉄は熱いうちに打て」という言葉があるように、公務員として最低限求められる行動規範は採用後できるだけ早いタイミングで教える必要があります。「建前はそうだけど実際はバレなければいい」、「皆ダブルスタンダードで生きている」などと間違った認識を一度持ってしまうと、その認識を改めさせ、正しい意識を持たせることは困難となります。

公務員を目指した新人公務員の多くは高い志を持ち、自分の信じる正義を公務という仕事を通じて実現しようと強く決意した若者です。その気持ちが熱い採用時こそ、コンプライアンス意識を持たせる好機です。

コンプライアンス意識を持たせるには、公私の別を厳しくする姿勢を上司自らが示すほか、新人に対して「迷った場合は気兼ねなく相談するように」あらかじめ言っておくことが望まれます。新人は誰に何を相談してよいか迷います。仕事に直結した内容については上司に相談しやすいのですが、公務員として求められる行動規範は私生活に及ぶこともあり、たとえコンプライアンス上疑問に思っても相談しにくいことがあります。

●相談しやすい環境づくり

私は、毎年、採用されたばかりの新人公務員に「公務員倫理」を講義しています。研修においても相談しやすい環境づくりが最も大事であると考え実行しています。講義の冒頭、質問は講義の途中でも、そしてどんな質問でも積極的にして欲しいと伝えます。その結果、時間が足りないほど質問攻めにあうことも多いのですが、その経験から新人公務員が新採研修で最も知りたいのは「公務員だけに適用される特別ルール」であるという確信があります。新人公務員の多くはそのルールを知らないと自分の身を危険に晒すのではないかと不安に思っています。

一般的に最も退屈な研修科目に分類されがちな公務員倫理の科目もその内容を「相談の時間」とするだけで参加者の受け止め方は大きく変わります。実は、人事院公務員研修所で実施している国家総合職の各府省合同新人職員研修において、参加者に一番高い評価を得ている科目は意外にもここ数年「公務員倫理」科目です。

コンプライアンス研修は組織を守るだけでなく職員を守り、そして何より円滑な行政運営を確保することで「住民」を守ります。アリバイ作りを目的としたかのような短時間の制度解説に終始するような公務員倫理研修ではなく、十分時間をかけて新人公務員の疑問を解消する研修を行うことでしっかりとしたコンプライアンス意識を最初の段階で持たせることができます。

組織をあげて、本気でコンプライアンスに取り組むならば、新人公務員に対する「公務員倫理研修」にもっと力を注ぐべきです。

Point

・新人公務員へのコンプライアンス教育は効果が高く重要である。
・新人公務員は相談したがっている。
・制度解説研修ではなく、疑問解消研修で効果を上げよう。

6 仕事への真摯さを教える。

●「真面目さ」の重要性

新人公務員に教えるべき一番大事なことは何かと問われれば、「仕事への真摯さ」だと答えます。「真摯さ」とは「真面目でひたむきなこと」です。真摯さこそが、今後の成長に繋がり、役人、つまり役に立つ人材となるために必要だからです。

最近は「真面目」を茶化したり否定的に言ったりしますが、公務員が仕事をするにあたり、真面目さはどんな時代になろうが一番大事であり続けます。仕事にしっかりと向き合い、やり遂げるためには「真面目」な気持ちが必要不可欠であることに間違いありません。

実は外国の公務員教育において「真摯さ」を教育目標に掲げているところがあります。真摯さは、日本では心構えや性格という受け止められ方をして、教育の目標に掲げると前時代的な印象を持ち違和感を覚える人も少なくありません。そのため新人教育には、心（マインド）

と技能（スキル）の両方が必要だと理解していても、心の教育の具体策が見つからず講話だけですませ、技能関係の科目を多く配分したスキル重視の研修を新採用研修でも実施してしまう公務の研修組織が少なくありません。

しかし、どんなに高度なスキルを身につけたとしても、使い方を間違うととんでもない結果になります。正しくスキルを使うためにもマインド教育は欠かすことができません。

●法令の周知徹底だけでは不足

公務員の不祥事防止のためには、法令の周知徹底というスキル教育に分類されるような教育方法だけでは効果がありません。不祥事は、職員の知識不足だけが原因でないからです。間違った心得を持った職員にどんな沢山の知識を詰め込んでも意味がありません。

「真摯さ」をどのようにして新人公務員に身につけさせるか。人事院公務員研修所はまさにその課題達成を組織の使命とし、長年研究を重ねオリジナルな研修を開発し実施しています。

具体的には「積極的公務員倫理」という科目の中でこの「真摯さ」を教えています。例えば、組織の命令と自分の正義感がぶつかる中でどちらかを選択せざるを得ない状況に立った時どう行動するかをお互いに議論させたり、政策立案における正義とは何かを考えさせたりして、「押し付けの倫理感」ではなく、「自分の倫理感」を醸成する研修を行っています。毎年参加者からも高い評価を得ています。

未来ある新人公務員の基本的な仕事観を正しく作り上げる。そのため、「真摯さ」を教育目標に据える。それには公務員向けの倫理教育を行う。「真摯さ」を教えるには研修を実施する側にも「研修に対する真摯さ」が求められます。

Point

・新人公務員には仕事への「真摯さ」を理解させることが重要である。
・「真摯さ」を具体的な育成目標に据えるべし。
・真に公務員向けの倫理研修を実施し、公務員に求められる「真摯さ」とは何かを教えよう。

7　公務員としての誇りを持たせる。

●楽しそうに仕事をする

部下には愚痴をこぼさない。組織や仕事に対する不平不満はできる限り、部下の前では言わない。それは上司に求められる基本姿勢です。まさに「管理職は辛い」という訳ですが、そのような言動は特に新人の前では禁物です。

新人を迎え入れる上司に求められるのは、公務員の魅力を語り新人職員に対して公務の仕事に対する意欲を掻き立てることです。それにはまず何より「上司自ら楽しそうに仕事をする」ことが重要です。上司から言われた言葉は同じでも、楽しそうに仕事をしている上司から言われるのと、苦しそうに仕事をしている上司から言われるのとでは、部下の受け止め方は大きく異なります。

公務員にはさまざまな苦労があります。世間が思うほど生易しい職業では決してなく、厳しい職業の一つであることは間違いありません。しかし誇りが持てる素晴らしい職業です。住民の幸せを実現するという自分の夢を、仕事を通じて実現することができます。弱い者の味方に立ち、社会正義を実現することが仕事の本質です。

●公務員の魅力を語る

長く公務員をやっているとそういった良い面が当たり前すぎて、悪い面に目が向きやすくなります。特に厳しい公務員批判に晒され自虐的になることもあります。ベテラン職員同士であれば、良い面についての理解が前提にあるので問題は少ないのですが、良い面の理解が不十分な新人にこの自虐ネタは禁物です。公務員として正しいプライドを持つ必要がある新人の自己肯定感を下げ、早くも自分の職業選択に疑問を抱かせてしまいます。

「悪いことを隠し、良いことを過大に見せろ」というのではありません。しかし、未来のある新人公務員に先輩職員があまりにも公務員の悪い面を言いすぎてはいないか。そんな印象を持っています。新採用研修の講師の中にもそんな話をする方がいます。「新人のうちから危機感を」という思いはわかります。しかし、ぜひ同時に夢も語っていただきたいと思います。公務員であることを誇りに思えるように公務員の魅力を語る。それができるのは公務員としての先輩職員である「あなた」だけかもしれません。

Point

・新人公務員の前で組織や仕事の不平不満は言わない。
・公務員は仕事に誇りが持てる素晴らしい職業である。
・新人には夢を語り、公務員としての誇りを持たせる。

8 仕事の楽しさは作り育てるものであることを教える。

●同じ仕事でも考え方次第

仕事の楽しさは最初からあるものでも、誰かから与えられるものでもありません。自分で作り育てるものです。同じ仕事をしても考え方次第で楽しさは違います。また、仕事の楽しさはやってみなければわからず、また、すぐにわかるものでもありません。最初は楽しく感じなかったことが我慢してやっているうちに楽しくなるという経験は誰にでもあるのではないでしょうか。上手くなれば楽しくなるということもありますが、上手くなるタイミングと楽しくなるタイミングは必ずしも一致しません。楽しくなるまでの最初の一定期間を我慢できないとどんな仕事にも楽しみを感じられない公務員になってしまいます。特に公務員の場合は、専門職種の職員の方を除き、「組織内転職」とさえ言える「職種転換を伴う異動」が行われます。そして、そのような異動で作られたキャリアに対して、自分の運のなさを嘆く職員も少なからずいます。楽しい仕事と楽しくない仕事が最初から存在し、自分は楽しい仕事が回って来なかった、と自分のキャリアを不運と思い込むと、その人の公務員人生は寂しいものになります。そして、キャリアを他律的に捉え、成長しようとも思わなくなります。

●仕事の楽しさは努力して見つけるもの

自分の人生の主導権は自分にあります。それにもかかわらず、自分のキャリアを他律的に捉え、被害者意識を持つ。新人公務員にそのような仕事観を身につけさせないためには、仕事の楽しさは客観的に存在するものでも、すぐに感じるものではなく、自分で努力して見つけるもの、時間がかかるものと教える必要があります。一番望ましいのは、上司自ら苦労した経験を素直に語りながらも、その先に希望が見えた経験も語ることです。苦労を避け、常に自分の不幸を嘆くような公務員にしないため、苦労を自慢話に変えず等身大の自分で語り、主体的にキャリアを考えることの意義をぜひ伝えてください。自分のキャリアは探すものでなく、自分で作るものです。

Point

・仕事の楽しさは、やってみて、我慢して、時間をかけて見つけるものである。
・キャリアは自分で努力して見つけるものであり、自分の運のなさを嘆くのは間違いである。
・上司は飾らず苦労を等身大で語り、キャリアは探すものでなく自分で作るものであることを伝えよう。

9 自ら学び続ける職員に育てる。

●「学び続ける職員」と「学びを止める職員」

「成長する職員」は謙虚に学び続ける職員です。採用時に光り輝いていた職員が急速にその光を失う一方で、採用時はそうでもなかった職員が数か月後、見違える程に光を放ち始めることはよくあることです。このような成長の差の主な理由はその職員の「謙虚さ」です。謙虚さは「学び続ける」気持ちに繋がります。

特に新人公務員にとって、最初に上司が行う教育が「学び続ける職員」となるか、それとも「学びを止める職員」となるかに大きな影響を与えます。それほど最初の上司の採る行動が新人公務員の成長に大きなインパクトを与えるのです。新人公務員を「自ら学び続ける職員」にするには、「学びを手段ではなく目的と感じさせること」です。誤解されかねない表現ですが、学びを自己目的化せよというのではありません。学びを単なる手段と思った瞬間から、学びの中に楽しみを感じることができなくなることに注意が必要という意味です。学び自体を楽しいと思うと人は自分から能動的に学び始めます。「他走」から「自走」、「他学」から「自学」へという訳です。

●「介入」ではなく「支援」

部下を「学び続ける職員」にするためにト司ができるもう一つの具体的行動。それは、上司自らが「学び続ける」ことです。部下に知的刺激を与えられる存在になることです。ただし、それが「自学」を妨げる「介入」となっては意味がありません。一番いいのは、楽しそうに学んでいる自分を見せることです。「自己選択させる」ことが能動的学習には不可欠です。しかし、上司と部下が同じ本を読み意見を交わすことは、部下に知的刺激を与える有効な手段です。自分が読んでよかったと思う本を複数紹介しておき、もし読んだら感想を聞かせてと言っておく。そのような対応が望ましいでしょう。

人は他人に自分の言葉で話をするだけで、自分の頭が整理されて、何を学んだか、また、まだ何が学べていないかを理解できます。世の中には、「難しいことをわかりやすく話せる人」

と「簡単なことを難しく話す人」がいます。本質を理解しその知識情報を自分のものにできた人は前者になり、うわべだけを理解し自分のものにできていない人は後者になります。

話の相手となり、時には聞き役に徹する。それだけで部下は頭を整理し、学びに対し深く自覚します。上司は新人公務員が「自ら学び続ける職員」となる手助けをしましょう。

Point

- ・謙虚に学び続ける職員が成長していく職員である。
- ・新人のうちから自学を促し、「自ら学び続ける職員」に育てる。
- ・上司自ら学び続ける姿を見せることで、部下に知的刺激を与えられる存在になろう。
- ・上司は「介入」ではなく、話相手や聞き役になる「支援」に徹しよう。

10 先入観を持ってはならない。

●学歴や見た目に左右されない

新人公務員を教育するに当たり、上司は先入観を持たないようにしましょう。大学名や大学の専攻、そして第一印象によって人は先入観を持って新人公務員に対応しがちです。しかし上司が先入観を持つのは、新人公務員に対してわかったつもりで接した方が自分自身が楽だからに過ぎません。新人は真っ白なキャンバスのようなものです。キャンバスが白いということはこれからどんな絵でも描ける可能性があるのに、上司が勝手に自分の絵を描いてしまう。そんな不幸な展開は避けなければなりません。

今の日本の大学で学ぶ内容は実務とかなり距離があるものです。それにもかかわらず大学で学んだことに過大な期待を持ち、実践的な教育を受けた前提で対応するとミスマッチが発生してしまいます。現在の日本の大学で学んだ内容の多くは公務の実務に直結しません。学部の専攻などによって採用後の教育内容を大きく変えることにはあまり意味がないと言えます。

●時間をかけて適性を判断する

大学で学び培われた能力と、公務で必要な専門的能力に連続性はあまり認められません。そのような客観的状況の下で、大学の専攻を前提に育成を図るとミスマッチを作り、新人公務員の将来の可能性を狭めてしまいます。文系や理系に分けず、基本的に同じ内容で育成を図り、時間をかけて適性を判断していくべきです。

上司の先入観によって新人の未来について勝手に限界を設けると、目の前の有為な人材を無駄にしてしまいます。

Point

・新人公務員に先入観を持ってはならない。
・日本の学校教育で身につけた能力は公務員に求められる実務能力に直結しない。
・新人の未来について勝手に限界を設け、人材を無駄にするようなことをしてはならない。

11 努力することの意義を正しく教える。

●努力は成功の必要条件

「努力は必ず報われる。」と断言したいところですが、残念ながらそれは真実ではありません。報われない努力もあります。しかし、努力しないで成功することはありません。努力は成功の必要十分条件ではありませんが必要条件です。

また、努力は公務員人生を豊かなものにします。努力すれば何かが得られ、それで報われるのではなく、努力すること自体ですでに報われています。

自分の損得だけで自分の行動を決めるような人生は、自分で自分の人生をつまらなくしています。自分の気持ち、情緒について、自分自身が大切にすること。そんな気持ちを持つことが、やさしい気持ちや感謝の気持ちに繋がります。住民の幸せを実現することを使命とする公務員のモチベーションを引き上げます。

●努力は目先の利益のためではない

上司が新人公務員に「努力すれば、自分の得になるから努力せよ」と教えることはとても残念なことです。上司が引き出すべきなのは、部下の「功利的コミットメント」だけではなく「情緒的コミットメント」でもあるのです。

多くの新人公務員が功利的ではなく情緒的に公務員という職業を選んでいます。世の中が批判するほど公務員の給与は高くなく、もちろん公務は決して生易しい仕事でもありません。住民の幸せを自分の幸せと感じ、自分の信じる社会正義を実現したいという高い志がその若者を公務員にさせたのです。そんな純粋な気持ちで公務員人生をスタートしたばかりの若者に対し、「努力すれば自分の得になる」と教えるのは、努力することの意義を目先の利益のためと誤解させ、新人公務員の志を下げてしまいます。

新人公務員の心に響くのは、「得」ではなく「徳」に違いありません。

Point

・努力は必ず報われる訳ではないが、努力なくして報われることはない。
・功利的コミットメントだけではなく情緒的コミットメントも引き出そう。
・新人公務員の心に響くのは、「得」ではなく「徳」である。

12 住民目線を持つことの大切さを教える。

●自分自身の住民としての生活の充実

新人公務員には、住民目線で仕事に取り組むこと、そして住民目線を正しく理解するためには、一人の住民としての目線が持てるよう自分自身の住民としての生活を充実させておく必要があることを教えましょう。

公務員という職業には民間企業の社員と違う要素が多くあります。その一つが、自分はサービスの提供側であると同時に必ずサービスを受ける側でもあるという点です。民間企業でも、消費者の目線が強調されます。しかし、社員自身がサービス提供者でもあり購入者でもあるとは限りません。一方、自分の勤務する自治体で暮らす公務員の場合、必ず何らかの行政サービスを受ける立場に置かれます。自治体職員の多くが自分の勤務する組織のことを「自治体」と呼び、所属する自治体組織に対する愛情と自分が暮らす自治体に対する愛情とを混然一体として作り上げているのはその表れでもあります。

●ワーク・ライフ・バランスの実現の意義

このように「住民目線」という場合、一人ひとりの公務員もその住民に含まれます。住民としての生活実感のない公務員は、行政サービスを考える上で一番大切な「住民目線」を正しく理解できません。公務員には、住民として生きることに特段の意味が加わります。つまりワーク・ライフ・バランスを実現することが行政サービス向上に繋がるのです。このことを新人のうちから教え、住民としての生活を充実させることが大切であることを伝えましょう。

Point

- ・公務員は、住民目線に立つことが重要である。
- ・ワーク・ライフ・バランスの実現は、住民サービス向上にも資する。
- ・真に住民に必要な行政サービスを提供できる公務員になるためには、住民としての生活を充実させることが大切であることを伝えよう。

13 信用が一番大切であることを教える。

●信用は勝ち取るもの

公務員は信用が命です。公務員は住民からの信用を失うと仕事をさせてもらえません。公務員法にも信用失墜行為が懲戒事由として規定されています。「信用は公務員が仕事をする上で最低限必要な基盤である」と言えます。

しかし、信用を得ることの重要性を抽象的に諭しても、新人は業務経験がなくピンときません。そこで、信用は勝ち取るものであり、そのためには積極的に行動しなければならないと教えましょう。信用されるための具体的行動とは、

・約束は必ず守る。
・守れない約束はしない。
・自分と相手の言葉を大事にする。

・相手の立場で考えてみる。
・わからないことは積極的に聞く。
・感情的にならない。

などです。

具体的に並べると、「道徳教育」のような内容になります。しかし、公務員として社会にデビューした最初だからこそ、このような基礎的な教育をすることができます。その好機を逃すとこのような教育はおそらくできなくなるでしょう。

●世代間で変わるコミュニケーション

最近の新人の多くは、SNSなどによって自分が取捨選択した「仲間同士」でコミュニケーションをしてきた世代です。世代論の多くは、例外を無視し間違った先入観を与えることがあり注意が必要ですが、最近は対面でのコミュニケーションが苦手な新人公務員に出会う機会が多くなっていると私も実感しています。世代間の意識格差が広がり、自分より上の世代とどのようにコミュニケーションを図ればよいか不安に思っている新人が増えている印象があります。

身近な例として、休みの連絡をメールでしてくる新人をけしからんと考える世代とそうでないと考える世代があります。新しいコミュニケーションの取り方を全て否定すべきではなく、旧来の権威主義的なコミュニケーションを見直す必要があるかもしれません。

しかし、世代が替わろうと信用が第一であることだけは普遍です。

残念ながら、世代間のコミュニケーションスタイルの違いが広がり、悪意なく信用を失ってしまうケースが多く発生しています。そういった今こそ、上司が信用の大切さを教え、十分配慮してコミュニケーションを図るよう指導することが大事です。

信用を失う前に新人公務員を「信用される公務員」に育てましょう。

Point

・信用は公務員にとって「仕事をするために最低限必要な基盤」。
・上司は新人に対して信頼を得るための行動を具体的に教えるべき。
・コミュニケーションの取り方に世代間格差が生まれている今だからこそ信用の重要性を教え、十分配慮することを伝えよう。

14 礼儀の重要性を理解させる。

●礼儀は人間関係の潤滑油

公務員にとって、礼儀は重要です。公務員の多くは、チームで仕事をします。礼儀作法を身につけ、正しく実践できる職員は他のチームメンバーと連携し結果を残します。また、窓口などの住民対応でも礼儀正しさを身につけているかどうかで住民の受け止め方に大きな違いを生みます。役所に一歩足を踏み入れた瞬間から住民の評価は始まっています。礼儀正しく挨拶されるかどうかで印象は大きく変わります。礼儀とは人間関係を円滑にする潤滑油の働きをするもので、どんな時代にも、また、どんな国にも存在します。

新人には最初の段階でこの礼儀作法を教える必要があります。しかし、残念ながら多くの場合、民間のビジネスマナー講師によって、挨拶する場合の角度、手を置く場所など細かな方法論だけを教える研修があります。

●公務員にとっての礼儀

確かに具体的方法を学ぶことにも意義はあるのですが、それだけでは十分とは言えません。それ以上に大事なことは、「なぜ礼儀作法を身につけ、実践する必要があるのか」を公務員という職業と関連付けて正しく認識させることです。

「形だけの礼儀にしない。人によって差を付けない。裏表のある対応をしない。」ためには、「全体の奉仕者」として公務員に求められる意識を正しく理解させる必要があります。礼儀は「仕方なくやるもの」でも、「相手のためにやるもの」でもありません。公務員として自分の使命を全うするために最低限身につけておくべき「作法」と理解させる必要があります。

気持ちと行動を一つにし、自然な立ち振る舞いを求める。そのためには、なぜ公務員には礼儀作法が特に求められるかを考えさせる必要があります。「礼儀」の重要性を理解させ、「作法」を学ばせる。この二つが組み合わさって、意義のある研修となります。

Point

- 礼儀は公務員としての使命を全うするためにも最低限身につけるべきものである。
- 「礼儀」の重要性を理解させてから「作法」を学ばせよう。

15 忠実であるべきは上司ではなく仕事であると教える。

●自立し、能動的に仕事をするために

上司に言われた通りにはやるけれど、それ以上のことはしない。そんな公務員にしてはなりません。自立し、能動的に仕事をする「プロの公務員」に育てる必要があります。

上司の中には、イエスマンの部下が好きで、無自覚なまま部下をそのように育ててしまう人がいます。しかし、イエスマンは組織にとって好ましい存在とは言えません。少数意見を尊重し、互いに意見が言い合える風通しのいい環境がなければ、組織全体が暴走し組織的な不祥事を起こすリスクが高まります。部下に過剰な忖度を求める指導を新人のうちから行うと、そのような行動様式を身につけさせてしまいます。

●上司も間違うことはある

上司も間違いを起こします。そのときに諫言してくれる部下の存在が上司にとっても好ましいはずです。決して常に議論することを求めている訳ではありません。しかし、常日頃から「上司の言うことは黙って聞け」というスタンスで部下に接していると、上司の判断が間違った場合でも、必要な情報交換がないまま、取り返しのつかないことになってしまいます。

上司と部下、個人と組織の関係についての基本的な理解は、新人の頃に作られます。公務員には、「公平、公正」が特に強く求められます。上司は自ら「忠実であるべきは上司でなく、仕事である」ことを新人公務員に伝え、風通しのいい職場を作りましょう。

Point

- 上司にだけ忠実な部下は組織にとっても好ましくない。
- 間違いを正す意見が言える部下を作る。
- 新人には「忠実であるべきは上司でなく仕事である」と教えよう。

16 明確な役割を与える。

●役割を与えないのは逆効果

新人に対して、最初の数週間、まずは職場に慣れさせるのが先決と考え、明確な役割を与えずに先輩職員の下、さまざまな仕事のサポートをさせる上司がいます。しかし、それはかえって新人を不安にさせてしまう間違った対応です。新人は職場に自分の居場所を求めています。どうすれば役に立てるかわからず最初のうちは誰もが不安を覚えます。上司としては、親心で配慮したつもりでいるかもしれませんが、多くの場合逆効果となります。明確な役割を与えることによって、新人は心を安定させることができます。

●新人の学ぶ機会を奪わない

特に最近は、新人に対する上司の対応が不十分でますます不安にさせている傾向にあります。原因の一つは「プレイングマネージャー化」です。多くの上司はプレイヤーとしての仕事で手一杯で、新人の面倒を見る余裕がない状況が生じています。

原因のもう一つは、「働き方改革」です。恒常的な長時間労働は決して許されるべきものではありません。しかし、新人にも一律に早く帰ることを求め、仕事を覚える機会をほとんど与えないことがあります。課単位で残業時間を削減することが求められている場合、最も安易な削減策は、まだ戦力ではない新人を優先的に定時に帰らせることです。「働き方改革」で仕事を覚える機会が提供されず不安を覚えている職員が多くいます。

新人だからといって明確な役割を与えずに手心を加える。自分が忙しく、新人に手が回らない。時短が最優先で仕事を教えない。そのような対応は、新人を不安にさせ、成長を阻みます。人は自分の役割が明確である方が、不安なく仕事に没頭できます。

新人にこそ、明確な役割を与えましょう。

Point

・自分の役割がわからず不安を持つ新人は多い。
・上司のプレイングマネージャー化や働き方改革の影響で新人が学ぶ機会が減少している。
・新人には明確な役割を与えることで不安なく仕事に没頭させ、成長の軌道に乗せよう。

17 加点主義で育てる。

●新人には自信を持たせる

最初のうち新人は、できない事だらけです。そのため、性急に結果を求めると、つい減点主義になってしまいます。「褒めて伸ばす」ことが望ましいと頭で理解していても、「褒めるところがない」と感じ、つい「叱ってばかり」になりがちです。新人は成功体験を持つまでは、何事にも特に不安を持ちます。その不安を抱えている中で、上司が負のフィードバックばかりすると、新人の不安は増大し、最後は自己肯定感まで無くしてしまいます。

新人であることを十分考慮し、求める基準を下げ、良い点を見つけ、「正のフィードバック」をして自信を持たせる。そのことで、新人は自信を持つことができます。

これは、甘く接することを意味しません。見方を変え、表現を工夫することを意味します。人の長所と短所は、同じ能力の表と裏の関係にあります。つまり同じ新人であっても、指導する上司が加点主義か減点主義かで評価や表現が異なるのです。

新人に自信を持たせて好循環な成長の軌道に乗せるか、自信を失わせて悪循環の軌道に乗せてしまうかは、指導する上司の姿勢に大きく左右されます。できる限り良いところを見つけて褒める。新人についてはそれを上司が特に意識的に行う必要があります。

●多様性のある人材の育成

組織全体にとっても、減点主義より加点主義をとるべきです。速いスピードで変化し、予測がますます困難となった現在の環境に対応するには、平均的な能力を持った「同じ」人材集団ではなく、平均から大きく外れた「異なる」人材集団の方が、適応できます。

今後自治体組織の仕事内容は大きく変貌することが予想されます。全ての職員を同じように育てると、金太郎飴のような集団を作ってしまい、環境に適合できない弱い組織になってしまいます。

マイナスを補うだけでなく、プラスをさらにプラスにする加点主義的教育が組織を強くします。平均的な人材が処理できる仕事は、いずれＡＩに取って代わられる可能性もあります。人しか処理することができない仕事だけが残ったとき、活躍ができる人材を育成しておく必要があります。

今は規格外と思われている能力の中に、将来、組織が必要とする能力があるかもしれません。型にはめて小さく育てるのではなく、型からはみ出ても大きく育てる。特に新人には良いところを伸ばす加点主義の教育が求められます。

Point

- 新人には自信を持たせ、好循環な成長の軌道に乗せることが重要である。
- 甘やかすのではなく、良いところを見つけて伸ばすようにする。
- 多様な能力を持つ「異能集団」が、変化の激しい未来の環境に対応できる。

18 早期に成功を体験させる。

●小さな仕事でも自分の力でやり遂げさせる

多くの上司は、不安そうな新人に「自信を持て。」と元気づけます。しかし、自信を持てず悩んでいることが上司に見透かされていると新人が感じてしまうと、ますます不安を覚えてしまい、逆効果だったりします。

新人に自信を持たせるには、小さくてもいいので、できるだけ早い時期に「成功体験」を与えることが効果的です。できた時に自分の力でやり遂げたことを実感できるような仕事を与え、介入せず辛抱強く見守ります。組織の一員として扱い、やり遂げたこと自体を評価し、できるだけ良いところを探して具体的に褒めましょう。

●今と昔は職場環境が違う

立派な寿司職人をどう育てるかについての論争があります。これまでのように、何年もの下積みをするのは当然と考える人、調理師の専門学校に通い短期間で技術を習得してもよいと考える人、さらにはネット等を用いて独学で学べるならばそれでもよいと考える人、このように人材育成にはさまざまな考え方があります。

新人を育成する方法として、「早期に成功体験をさせる」というと、「甘い」と反論されることがあります。最初は下積みが必要と考え、ひたすら厳しい環境に置くことが望ましいという考え方です。

自分が新人の時に受けた教育方法を基準に発想して、「成功体験なんて百年早い」という意見を言う人がいます。しかし、職場環境自体が随分変わってきており、少ない人員でますます困難化する業務を行うには、新人の即戦力化が求められています。また、人は「現在を厳しく評価し、昔を美化する」傾向を持ちます。昔の上司から自分が受けた新人教育の方法が、果たして本当にいい方法だったかを客観的に振り返ってみる必要があります。

現在の環境下で、今の新人公務員にとって最良の教育方法とは何かを自分の体験だけで発想せず、客観的に効果的な方法を探し求めてください。

「パワハラ上司は、自分自身も過去にパワハラをされて育てられた人が多い」という仮説があります。

新人を教育するという立場に立った上司自身にも「進化」が求められています。

Point

- 新人に自信を持たせるには、早期に成功体験をさせるべきである。
- 新人の即戦力化が求められる現在において、「下積み」教育には疑問がある。
- 上司は自分の過去に囚われないで、客観的に効果的な教育方法は何かを発想しよう。

19 「期待の新人」と紹介する。

●新人の成長は最初が重要

新人が成長するか否かは、デビューした瞬間の職場環境に大きく左右されます。人は環境に大きく影響を受けます。上司には職場環境をよくする役割が求められます。新人にとってよい職場環境とは、「同僚から期待され、成果を上げると周りから評価されるような環境」です。そんな人間関係を作る一番の好機は、上司が新人を最初に紹介する瞬間です。

「期待の新人」と紹介しましょう。その目的は、新人に自覚を持ってもらうだけではなく、同僚との関係性をよくするためです。周りの職員が新人に対し関心を持ち、支援する環境を作るには、上司の最初の言葉がカギとなるのです。

●同僚に間違った先入観を与えない

ただし、注意も必要です。人は第一印象でその人を評価しがちです。同僚に間違った先入観を与えないためには、紹介する際に一方的な評価をあまり加えないことにも注意すべきです。複数の新人を一度に紹介する場合は、決して他の新人と差があるような印象を他の職員に与えないよう最大限の配慮をしましょう。紹介する順番や一人当たりの紹介の時間などにも可能な限り配慮し、全ての職員が公平だと思える環境を作りましょう。

期待は人を育てます。過剰な期待をし続けることは禁物ですが、上司が部下に期待することは部下を育てる意味でも重要です。上司が本当は期待していないのではないかと部下が一度感じてしまうと、その後何度も期待していることを伝えても本気と受けとめてもらえません。

上司は期待を「最初」の段階で示し、それを職員全員で共有する。上司はこんな環境を作り、新人のスタートダッシュを支援し、成長の好循環を作りましょう。

Point

・新人の成長は、デビューした瞬間に作られた職場環境に大きく影響を受ける。
・上司には、「周りの職員が新人に関心を持ち、支援する環境」を作る役割がある。
・新人を本気で期待し、スタートダッシュを後押ししよう。

20 情報発信に注意することを教える。

●SNSの使い方

新人公務員には、これまでの学生時代とは違って、対外的には自分の行動が組織を代表したものになることをしっかりと理解させておく必要があります。特にSNSの使い方において、バランス感覚が求められます。もちろんのこと、公務員にも表現の自由は認められ、SNSを使うこと自体に問題はありません。しかし、SNSで発信した内容が組織の信頼性を失わせてしまう内容であったり、住民の個人情報に関するものであったり、さらには、まだ発表していない将来の政策に関するものであれば、処罰の対象にもなり得ることを認識させておく必要があります。

●「組織の一員」である自覚を

そのためには、「組織の一員」である自覚をしっかり持たせることが重要です。組織の一員として、組織内で耳にした情報は、たとえ自分が直接所管していなくとも口外してはならないことを教えましょう。公務員の場合、機密保持義務が法律上定められ、懲戒処分どころか刑事罰が科せられることがあります。採用直後は情報発信をしたくなる時期です。ＳＮＳに慣れた若者は悪気なく行ってしまいます。不祥事に発展すれば大変です。

公務は住民の信頼の上で成り立っています。個人の信用失墜は組織の信用失墜に繋がり、一度失われた信用はなかなか回復できないことを理解させる必要があります。新人公務員には、組織の一員になった意識を持たせ、できるだけ早いタイミングで公務員特有のルールを教えましょう。

Point

- 新人にはまず組織の一員であるという意識を持たせる。
- 機密保持には公務員特有のルールがあることを教える。
- 情報発信には細心の注意を払うよう認識させる。

COLUMN

「部下を育てない上司」を評価してしまう怖さ

部下を育てない上司は、組織の将来に多大な損失を与える存在であり、決して高く評価してはいけません。多くの人がそれをわかっているのですが、残念なことに現実にはそうできていません。その理由は、部下を育てず使い倒す上司の方が短期的成果を出すからです。仕事で成果を上げながら育てるのが理想です。しかし、「今成果をあげること」と「部下を育てること」は基本的に二律背反の関係にあります。

「頑張ればできる困難な目標」が人を育てる正しい目標設定です。しかし、そのことは裏を返せば、最適任者ではない部下に仕事を割り振ることを意味します。部下の能力を少し超えた仕事を与えることで、部下は自然とその差を埋めるよう努力する。それで育成されるということです。短期的成果を上げるには部下の育成を犠牲にし、全ての仕事を最適任者に割り振ることが正しいことになります。今の能力の範囲でこなせる仕事を与えた方が能率は上がり、間違いも少なくてすみます。

ある意味における「適材適所」であり、部下を活かしているには違いなく、適切なマネジメントという評価も可能です。しかし、そのようなマネジメントに決定的に欠けているものは、「部下の育成」です。そのことに「上司の上司」が気付き、その「上司」のマネジメントを厳しく評価しなければ、上司は育成を犠牲にし成果をあげようとします。

部下を育てない上司は上からは見えにくいのも事実です。育成されない部下は犠牲者ではあるのですが、日々の仕事で負荷がかからず快適な環境に置かれます。自己成長意欲の高い一部の部下には不評を買うかもしれませんが、多くの部下はストレスを感じず「配慮の行き届いた上司」と評価してしまいます。ほぼ全員がハッピーで、誰も問題に気が付かない可能性があります。しかし犠牲者はいます。それは「未来の組織」です。

部下を育てなかったマイナスの影響が具体的に発生するのは数十年後です。そして気が付いた時はすでに手遅れです。組織全体が「現在最適」を追求しすぎると「将来最適」が犠牲になってしまうのです。それを避けるには、部下を育てない上司を厳しく評価することに尽きます。

「本当に部下にとっていい上司」とは、「部下にとって都合のいい上司」ではありません。

今の財産を食いつぶして短期的成果をあげている上司を間違って評価する組織には暗い未来が待っています。

知っておきたい
ミニ知識

コンプライアンスは「法令順守」ではない？

コンプライアンスは通常、「法令順守」と訳されます。しかし、法令順守を意味するコンプライアンスはもはや和製英語と言って差し支えありません。何故なら、英語の「compliance」のどこを探しても法令という言葉はないからです。日本のビジネスシーンでのみ「法令」が加わり、ニュアンスが大きく変わってしまったのです。

では「compliance」の正しい意味は何か。ピッタリの言葉はありません。だから異訳となり、和製英語となってしまったのですが、あえて訳すとすれば、「自分の義務を果たすこと」です。本来、積極的なニュアンスがあります。

法令順守と訳したことがコンプライアンスを「法令さえ守ればいい」という間違った理解に繋がった可能性があります。しかも、「遵守」ではなく「順守」が使われ始めたのもそれに拍車をかけました。

第2章

部下を伸ばす50の手法

1 成長の機会を与える。

●「頑張れば達成できる目標」を与える

部下を伸ばす一番の方法は、「やらせてみる」ことです。人は機会を与えられ、経験することにより成長します。「ポストは人を作る」と言われますが、人は役割が与えられれば、役割を果たそうと努力します。その努力によって人は成長するのです。

現在の能力を大きく超えたいわゆる「修羅場経験」は時に人を潰します。成功者の多くは、「修羅場経験が自分を成長させた」と話します。しかし、修羅場経験は人材育成の万能薬でも王道でもありません。「頑張れば達成できる目標」を与えるのが原則です。

●成長の機会をうまく配分する

成長の機会を与えてくれる上司に巡り合った部下は、次の機会に備えて準備を始めます。その準備がまた部下を成長させます。実際の仕事の中で成長できる機会はそれほど多くはないかもしれません。そこで、限られた機会を、部下全員に割り振ることが上司の役目となります。必要となる能力と一人ひとりが持つ能力を比較し、できるだけ全員に少し無理をさせるよう仕事を配分することがポイントです。そのためには、部下の能力を常日頃から把握し、仕事を通じて部下の育成を図る意識を持つことが求められます。

成長の機会自体を増やすことも必要です。研修に参加させる、会議に参加させる、仕事に同行させるなど経験を積ませるさまざまな機会を作り、それを成長のために駆使するという意識を持ちましょう。

部下が成長できる機会を多く作り、一人ひとりの能力に合った機会を提供する。これが、部下を育成する上司の基本中の基本と言えます。

Point

- 人を一番成長させるのは、経験である。
- 成長の機会を増やし、部下の能力に照らして適切に配分する。
- 「成長の機会提供」が育成の基本である。

2 教えすぎない。

●あえて答えを言わない

部下の育成に熱心な上司が陥る落とし穴は、「教えすぎる」ことです。教えすぎると部下は育ちません。部下を成長させるには、部下本人に「考えさせる」ことが必要です。一方的に教えるとどうしても部下は受け身になります。

研修講師の場合もそうです。話の内容が素晴らしくても、一方的に話す講師に対する参加者の評価は一般的に低い傾向にあります。講師が自分のペースで、流れるように語ると参加者は受け身になり、時に睡魔に襲われてしまいます。このことは、上司と部下の場合でも同じです。上司が一方的に語ってしまうと、部下は聞いているようで実は話の多くは右の耳から左の耳に抜けて行きます。コミュニケーションは言葉のキャッチボールです。キャッチボールをするには、相手が取れる玉を投げること、また、相手にもボールを投げさせることが必要とされます。

教えすぎることは、自分の一番早い球を一方的に投げ続けることと同じです。

●自分の立場ではなく、部下の立場から

教えすぎないために必要な心構えは、自分の立場から発想するのではなく部下の立場から発想することです。教育の効果が上がるように、「何を教え」、「何を考えさせるか」を仕分け、その両者のバランスを図ることです。部下を教育する際のコミュニケーションスタイルには、ティーチングとコーチングの二つがあります。どちらか一辺倒のコミュニケーションでは部下は育ちません。両者のバランスを図ることが肝要です。コーチングは、「部下に主体的にしゃべらせ考えを整理させる傾聴」と「気付きを促す質問」を中心に、部下の能動的学習を促すコミュニケーションの方法です。主役は部下です。上司の役割は「部下自身の思考をサポートする」ことです。

部下の能力に合わせて、ペース配分を考えることも重要です。最初のうちはティーチングの比重を高く、能力が伸びるにつれて徐々にコーチングの比重を高くしていきましょう。

コーチングが万能という訳ではありません。しかし、ティーチング一辺倒にならないためにもコーチングを意識的に使うことは重要です。コーチングのスキルを学び、実践に努めましょう。

Point

・「考えさせる」ことは部下の成長に必要不可欠である。
・教えすぎないために部下の立場に立ち、コーチングによるコミュニケーションを図る。
・コーチングスキルを学び、意識的に実践しよう。

3 上限を設けない。

●年功序列

公務組織は、依然として年功序列が色濃く残っています。そして、先輩後輩の人間関係が上司部下としての人間関係にも色濃く反映されます。先輩職員が再雇用され自分の部下となったとき、お互いに気まずさを感じるのはその証拠です。

年功序列のない組織では上司と部下との間に年齢や採用年次の逆転があっても、マネジメント上大きな障害となることはありません。

年功序列は終身雇用という前提があります。そして、採用何年目までに身につけるべきスキルは○○というように年齢や勤続年数を基準に育成が行われます。職員の育成でも年功序列が暗黙のうちに前提とされているのです。

●能力実績人事への変化

年齢や勤続年数を基準にして、組織が職員を計画的に育成することが全てダメという訳ではありません。全ての職員の能力を底上げするというメリットが確かにあります。しかし、見過ごすことができないデメリットもあります。それは、職員の成長の「上限」を設けてしまうことです。

上限を設けてしまうと、伸びる可能性のある部下の成長を抑制してしまいます。年功序列を前提とした育成は、若手職員の芽を摘み、優秀な人材が流出してしまうことにも繋がりかねません。

上司は「まだ早い」と上限を設けるのではなく、部下を大きく伸ばすことに前向きであることが求められます。今後は自分が育てた部下が将来自分の上司となっても不思議ではなくなります。それでも部下を育てましょう。上司が部下を育てるのは、先輩だからではなく上司としての役割だからです。

Point

- 年功序列を前提とした部下の育成には弊害がある。
- 上限を設けず部下を大きく伸ばそう。
- 上司が部下を育てるのは、先輩だからではなく、上司としての役割と理解しよう。

4 部下に関心を持つ。

●関心を持たれることで、自分の可能性を信じられる

部下を育てる上司に求められる一番重要なことは、「部下に関心を持つ」ことです。人を最も傷つけるのは、「厳しい言葉」ではなく「無視」です。上司が部下である自分に対し関心を持っていないと感じると、部下は自分を肯定できず、また、上司の期待に応えようと頑張る気持ちにもなれません。

人は自分に可能性があると信じられるからこそ、成長しようと頑張る気持ちになれます。自分の可能性を信じることができる感覚、この「自己肯定感」が下がると将来の自分の姿を描くことができず、成長の目標を設定することもできません。

●「観察」ではなく「関心」

部下の育成について、さまざまなテキスト等で「部下をよく観察しよう」という話が出てき

ます。それも確かに大事なことですが、この「観察」の前に「関心」を持つことが大切となります。「観察する」とは、客観的に行動に関する情報を収集するニュアンスの言葉です。通常は、科学者が顕微鏡を覗き込み研究対象を客観的に把握しようとするときなどに使われる言葉で、「目で見る」にとどまります。これに対して、「関心を持つ」とは、人と人の関係でも普通に使われる言葉です。ある人の全てを知りたいという動機を表し、「心で見る」というニュアンスも込められています。

「観察する上司、観察される部下」という関係よりも、上司と部下が「互いに関心を持つ」という関係の方が望ましいと考えます。

まず「関心を持つこと」が信頼関係を生み、部下を育てる基盤を作り出します。

Point

- 部下を「観察」することより、部下に「関心」を持つことがより重要である。
- 「目」だけでなく、「心」でも見る。
- 関心を持つことが信頼を生み、育成の基盤を作り出す。

5 計画を立て継続的に育てる。

●育成にもPDCAサイクルを

上司は、「部下の育成」を「やれたらやる」と理解してはなりません。もし、上司がOJTに対して、自分の手が空いたから、仕事に余裕があるからやるというような姿勢でいるとそのことはすぐに部下に伝わります。育成にもPDCAサイクルが必要です。計画を立て、実行し、結果をチェックして、そして次の手を打つ。その繰り返しによって育成の効果は加速します。「仕事を通じて育てる」と漠然と思い、具体的な計画を立てずにいるとOJTは名ばかりになりかねません。「厳しい仕事を与え続ける」だけではOJTとは言えません。

自分が行う部下の育成は、人事部局が行う研修とは切り離されたものと上司の多くは受け止めがちです。しかし、実施主体や実施方法は違えども部下を育成するという同じ目標のために共に行動するパートナー同士と理解すべきです。現場の上司が人事部局の下に位置するのではありません。両者は「協働」する関係です。

人事部局が行う集合研修（ＯＦＦ－ＪＴ）と現場の上司が行うＯＪＴは補完関係にあり、車の両輪のような関係です。ＯＦＦ－ＪＴは相互学習、外的刺激、ネットワーク作りが得意ですが、能力に応じた個別指導は不得意です。ＯＪＴは、ＯＦＦ－ＪＴではできない点を補うことに積極的な意義があります。「個別指導」こそがＯＪＴしか担うことができない最大の役割と言えます。ＯＪＴしかやれないもう一つの役割は、「継続学習」です。数年に一度しか機会がない研修では職員を継続的に育てることはできません。ＯＪＴは「継続が命」です。

●ＯＪＴとＯＦＦ－ＪＴの共通点

ＯＪＴとＯＦＦ－ＪＴはお互い得意なことに特化し役割を果たすことで、全体の育成効果を高めます。しかし、その一方でＯＪＴとＯＦＦ－ＪＴの方法には共通点も存在します。各自治体で定められている人材育成基本方針はそれを繫ぐための道具でもあり、研修担当者だけでなく、現場の上司も理解しておく必要があります。

上司は人材育成基本方針などを手掛かりにして組織が求める人材像を理解し、その人材像が求める能力と部下の今の能力との差を把握し、それを埋めることがＯＪＴの目標となるわけです。まず、目標を設定することから計画は始まります。

最近の研修では、参加者に研修の目的や目標を事前に示します。それを理解した上で研修に臨むことで研修効果は上がります。この点はＯＪＴでも同じです。目的や目標を部下と共有しておく必要があります。

ＯＦＦ－ＪＴとＯＪＴの共通点はまだあります。ＯＦＦ－ＪＴも参加者アンケート等で常にＰＤＣＡを回し、改革改善に努め育成方法を進化させることが求められます。同じようにＯＪＴでも具体的目標をクリアした際には、部下の意見を上司は謙虚に聞いて次の育成プロセスに活かすことが求められます。

上司一人ひとりに、職員育成の重要な役割を果たす当事者意識が求められます。

Point

- 形骸化させず、進化させるために育成においてもＰＤＣＡサイクルを回すことが必要である。
- ＯＪＴしか果たせない役割は「個別指導」と「継続学習」である。
- 研修（ＯＦＦ－ＪＴ）とＯＪＴは車の両輪。上司は職員育成の当事者意識を持とう。

6 学ぶ意義を理解させる。

●成長に消極的になる要因

部下の中には残念なことに学ぶことの意義を理解せず、自分の成長に消極的な人もいます。その理由はさまざまですが、学ぶことの楽しさを実感したことがない場合が多く含まれます。定期的な人事異動が本人の意向にかかわらず行われる人事慣行から、今の仕事を上手くやれるようになってもすぐに違う部署に異動させられます。そのため、今努力しても自分自身にあまりメリットがないと考えてしまう職員もいます。現在の配置が本人にとって不本意である場合、今の仕事で高く評価されてしまうと、逆にこの部署に据え置かれてしまうのではないかとさえ考えてしまうこともあります。確かに、英語ができる多才な職員がずっと国際関係の部署に留め置かれるような人事が現にあります。自分の持つ多様な能力の一つがたまたま組織内で相対的に高く評価されてしまう場合、自分の持つ他の能力が活かせる部署があるにもかかわらず、ずっと特定の部署に留め置かれるのです。

このことは、組織全体の適材適所を実現するための合理的な配置と言えなくもありません。しかし、そのような人事が一般的になると、自分の望むキャリアを作るために職員が今の仕事にしっかりと向き合わず、能力を出し惜しみ、成長に後ろ向きとなり、ただ異動を持つだけという不幸な展開になりかねません。

●今の仕事が次に活きる

職員を短期的に便利に使わず、一人ひとりの可能性を最大限伸ばすような人事配置をすることが職員を伸ばし、中長期的には強い組織にします。

このような話をすると、それは人事課の仕事であると片付けられてしまいそうです。しかし、上司だからこそやれること、やるべきことがあります。それは、今の仕事を通じて培われたスキルが将来のキャリアにとっても有益であることを実感させることです。そのためにも、仕事を通じて育成を図る際には、できるだけ他の仕事にも有益な「本物のスキル」まで学ぶよう指導しましょう。

具体例を示せば、資料の作成を指示する際、その都度細かく指示するのではなく、平常時に資料作成の基本スキルを習得させ、普段から腕を磨いておく。そして、資料の作成が実際に必要となったら、思いきって任せてみる。そして、具体的な資料作成を通じて足りない基本スキルは何かをフィードバックする。このような対応で、どこの部署に異動になっても活かせる本物のスキルを習得でき、学ぶことの意義が理解できます。

今の仕事を通じた学びが自分の将来のキャリアにとっても有益であることを実感させ、学ぶ意義を理解させる。上司には、そのような役割を果たすことが求められています。

Point

・職員を便利に使わず、「一人ひとりを伸ばす」人事配置が強い組織を作る。
・どこの部署でも使える「本物のスキル」を習得させる。
・今の仕事を通じた学びが将来役立つことを実感させ、学ぶ意義を理解させよう。

7 部下の評価は上司である自分の評価と受け止める。

●上司には部下を育成する義務がある

部下に対する第三者の評価は、上司である自分に対する評価でもあります。部下と上司である自分は常にセットで見られていると受け止めるべきです。上司の中には、第三者に向かって、平気で自分の部下のことを悪く言う人がいます。しかし、そんな言葉を聞いた第三者は、「そのような部下にした責任の一端はこの上司にもあるはずなのに」と思っているかもしれません。

部下が行う仕事の責任は上司の責任です。それと同じく、もし部下が育たないとすればその責任は上司の責任でもあります。部下は上司にとって鏡のような存在です。多くの部下が育たない場合は、「部下の育成を疎かにして部下を便利にしか使ってなかったのではないか」と上司自らが反省してみる必要があります。上司は部下を育成する義務を負います。厳しい言い方をすれば、義務が果たせなかった場合は、責任が問われるのは当然と言えます。

それは理想論に過ぎないという反論もあるでしょう。しかし、全ての部下が伸びると信じ、結果責任を引き受ける覚悟を持つことは必要です。上司が本気で期待すると部下は伸びます。誰もが伸びる可能性を秘めていると信じきることは、育成する人に求められる基本姿勢です。

一部の部下だけを育成した上司よりも、部下全員の能力を底上げした上司こそ高く評価されるべきです。

●部下の将来

部下を育成するには、具体的な方法を学ぶことも重要ですが、その前に部下の評価を自分の評価と受け止める姿勢を持つ必要があります。

部下が「自分の将来」にコミットするだけでなく、上司もまた「部下の将来」にコミットする覚悟を持ちましょう。

Point

・第三者の「部下に対する評価」を「上司である自分の評価」と受け止める。
・部下育成が上司の義務である以上、責任が問われるのは当然である。
・「部下の将来」にコミットする覚悟を持とう。

8 話を聞く。

●「聞き上手」になる

部下を上手に伸ばす上司は「聞き上手」です。「話し上手」ではありません。教える側が話すのが当たり前と思われるかもしれませんが、部下を育てるには、部下の話を聞くことが必要となります。人は言葉でしか思考することができません。語彙の豊富さが思考の深さに連動するとも言われます。人は自分で理解したつもりでも言葉にできない場合は、本当に理解できていない可能性が高いのです。他人に何かを説明しようとするとき、漠然とした理解のままでは説明できません。説明しようと思った瞬間から人は、自分の中で体系的に内容を整理し始めます。上司は自分が話をすることを我慢し、部下の話を多く聞くことで、部下に話の機会を提供し部下の頭を整理させる役割を果たしていることになるのです。

しっかり耳を傾けると、本当は理解できていないことを示す言葉が部下の口から出て来ます。

ただ、その場合でも、上司は部下に疑問を投げかけるに留めるべきであり、部下の話を取り上げてはいけません。部下が安心して話をする場を提供し、思考を助ける役割に徹することが部下の育成を促進します。

●部下にも自己開示の機会を

カギとなるのは、「自己開示」と「フィードバック」です。人は他人に自分を説明することで自己理解を深めることができます。世の中には、自分のことを話したい人の方が他人のことを聞きたい人より多くいます。つまり多くの人は自己開示の機会を十分に持っていません。上司には、部下に自己開示の機会を積極的に提供しましょう。

フィードバックも上司の重要な役割です。フィードバックは評価ではありません。部下が気付いていないことを気付かせることが役割です。客観的な情報を加工せずに提供しましょう。

自己開示とフィードバックはセットです。フィードバックが過剰にならないようバランスを図る必要があります。自分が話をしている時は早く、相手が話をしている時は遅く時間が進みます。

「部下の話を聞く」ことを意識するのは、フィードバックが過剰にならないためでもあります。上司は自分が話し過ぎないよう心掛け、部下が安心して話ができるようひたすら我慢して聞く姿勢を持ちましょう。

Point

- 人は言葉によって思考する。
- 部下に話をさせることは自己理解を深める効果的な手段である。
- 上司は話し過ぎずに、部下の話を聞くよう心掛けよう。

9 好かれようとしない。

●仕事は上司のためではない

部下との信頼関係は部下を育成するためにも必要です。しかし、部下に好かれることを目標としては本末転倒です。部下が好きになるべきなのは「上司ではなく仕事」です。誰のために仕事をするかと問われたら、上司のためではなく住民のためと答えるべきです。

部下は上司をよく見ています。部下から好かれることを優先するような立ち振る舞いをする上司を部下は「いい人」と思いますが「信頼できる人」とは思いません。部下に憎まれないことがその上司の目的であることを部下がわかってしまうと、逆に信頼は揺るぎます。

普段から明るく部下に接するよう心がけることはもちろん大事です。しかし、それを目的とし、優先しすぎるのは間違いです。自分が好かれるかどうかは二の次で、常に部下のことを考え行動する上司にこそ部下の信頼は集まります。

●仲良しではなく信頼で結ばれる

上司の自分に対する行動が、真の愛情の表れによるものかそれとも自己保身的な要素が含まれているものか部下は見抜きます。そして、部下は本当に自分のことを思って言ってくれた言葉であれば、たとえそれが厳しい言葉であっても受け止めようとします。

普段から部下をお客様扱いし、ニコニコすることだけに終始している上司のことを、部下が心の底から尊敬することはありません。

部下を育成するために必要な基盤は「仲良しの関係」ではなく、「信頼で結ばれた関係」なのです。

Point

- 部下が好きになるべき対象は、上司でなく仕事である。
- 部下に好かれることを目標とすることは自己保身的な発想かもしれない。
- 目指すべき部下との関係は「仲良し関係」でなく「信頼関係」である。

10 励ます。

●「叱る」の対義語

「叱る」の対義語は「褒める」と理解するのが一般的です。しかし、「叱る」の対義語にはもう一つの言葉があります。それは、「励ます」です。叱咤激励という言葉があります。この言葉は、誰かの気持ちを奮い立たせるには、叱るだけでなく励まして元気づける必要があることを示しています。

「褒める」は評価であり、褒める点がない場合にはできません。しかし、「励ます」はいつでも誰に対してもできます。「褒める」は条件付きの行為、「励ます」は無条件の行為と言えます。

上司と部下という関係は組織の役割により作られた関係です。その作られた関係性によって上下であることを前提とした立ち振る舞いが求められます。自然発生的に作られた人間関係と違って、組織のルールで強制的に作られた人間関係にはストレスが生じます。そのストレスは部下の方により重くのしかかることになります。このストレスから部下を解放し、できるだけ自然な関係性にする。部下の上司に対するストレスを下げ、安心して仕事に打ち込めるような職場を作るには、上司が部下を「褒める」だけでなく「励ます」ことが必要です。

●対等が信頼を生む

パワハラをしないために上司は「怒らず叱れ」と教える研修講師が多くいます。しかし、「叱る」のも相手を対等な存在と思っていない証拠です。対等と思っているならば相手を叱るのではなく怒るに違いありません。このように、「叱る」のも「褒める」のも、共に相手を対等ではなく自分の方が優位な立場にある前提で行われる行為です。

上司が部下に対して「叱る」と「褒める」ことを多用すると、ますます対等な関係性でなくなっていきます。部下を育成するためにこの二つを多用することを推奨する人もいます。しかし、部下に対して常に上から目線で評価ばかりを口にすると、人間関係をいびつにし、真の信頼関係を作ることが難しくなります。

これまで「叱る」と「褒める」といった二分法で部下への行動を理解していたならば、そこに「励ます」を加えてみてください。本当の信頼関係が生まれてきます。

Point

- 「叱る」の対義語は「褒める」だけでなく「励ます」もある。
- 叱咤激励という言葉があるように「励ます」方が自然である。
- 上下関係を前提とした「褒める」だけでは真の信頼関係は生まれない。

11 部下育成を優先する。

●部下の育成の機会

部下を育てる上司は、「部下を育成する仕事」の優先順位が高い人と言えます。現在、上司のほとんどは、プレイングマネージャーです。プレイングマネージャーの成果の出し方には二通りあります。自分で成果を出す方法と部下に成果を出させる方法です。しかし、自分がやった方が成果を出し易いことから、プレイングマネージャーの多くはプレイヤーとしての仕事に多くの時間を割いてしまいがちです。

どうしても部下に任せられない仕事があります。しかし、部下にあえて仕事を任せず、部下の仕事を引き取り、自らプレイヤーとしての仕事の割合を増やす人もいます。このタイプの上司は、部下から成長の機会を奪い部下を成長させないばかりか、部下の育成を疎かにしているという二つの罪を犯しています。

●部下の育成は上司の義務

「うちの部下には任せられない」と公言する上司さえいます。しかし、「うちの部下だけは例外」という場合の多くは勘違いです。その状況は、上司が自ら作り出したものである場合がほとんどです。マネージャーとしての仕事を疎かにすると部下は育ちません。もし部下が育っていないと感じたら、その原因は部下ではなく上司である自分にあると謙虚に振り返ることが大事です。

マネージャーとしてやるべきことを優先し、残りの時間でプレイヤーとしての成果を出す。この気持ちを持つことが大事です。部下を育て将来的には自分も楽になり、組織としての成果を上げることができます。集団で仕事をするのは、組織の成果を最大化することができるからです。組織の中で個人と個人を繋ぐためにマネージャーは存在するのであり、その管理職がプレイヤーとしての仕事を優先し、マネージャーとしての役割を事実上放棄していることは、組織に損失を与えていることにほかなりません。

上司にとって部下の育成は義務であり、優先順位の高い仕事なのです。

Point

・マネージャーとしての仕事を疎かにしてはならない。
・部下に仕事を任せず自分で何でもやってしまう上司は、部下が育成する機会を奪うことと、部下への指導を怠るという二つの罪を犯している。
・部下の育成は、上司にとって優先順位の高い仕事と意識しよう。

12 常に能力より少し高い仕事をさせる。

●「仕事の与え方」が大事

仕事を通じて育成する基本は、「常に能力より少し高めの仕事をさせる」ことです。「頑張ればできる仕事」を与えることで常にストレッチした状態となり、その伸ばした部分がいずれ骨となり肉となることで強い体を作り上げるというイメージです。

部下の成長にとって大きな役割を果たすのが、上司の部下に対する「仕事の与え方」です。仕事の与え方について、「職務充実」と「職務拡大」の二つの方法がよく紹介されます。このうち、「職務充実」は、英語の「enrichment」の直訳です。これを「職務充実」と訳し、「職務充実は垂直方向の拡大」、「職務拡大は水平方向の拡大」と説明するために、訳語だけでは理解不能です。

しかし、これまで「職務充実」と訳されてきた「enrichment」を「職務濃縮」と訳せば、「拡大」という言葉の二義性が解消され、理解が可能となります。職務充実の方法には「濃縮」と「拡大」、つまり、「濃くするか、広げるか」の二つがあるとシンプルに理解できるようになります。

●マルチタスク化

上司は能力の伸長に合わせて常に仕事の中身を「濃くするか、範囲を広げるか」の調整を行うことが求められます。これまでやってきた仕事に関連した仕事を徐々に与えて、「マルチプレイヤー」にする方法です。「マルチタスク化」とも言えます。

今後、人口の減少に合わせて職員の削減を余儀なくされる多くの自治体組織では、このマルチタスク化がマネジメント上の中心的な課題となることは間違いありません。職務のマルチタスク化を図り、マルチプレイヤーとして部下を育てることが今後の人材育成の方向性でもあります。

上司は、能力の向上に合わせて職務を充実させることを常に怠らないことが肝要です。

Point

- 常に部下が持っている能力より少し高めの仕事を与える。
- 頑張ればできる仕事を与えることによって部下は成長する。
- 仕事の中身を「濃くする」、「広げる」ことで職務を充実させよう。

13 部下の強みを伸ばす。

●「弱み」ばかりを補わない

部下の育成に当たっては、「強みを伸ばす」ことに力を入れましょう。上司の意識はどうしても「弱みを補う」ことに集中してしまいます。能力を少し超えた仕事を与えることがＯＪＴの基本です。すると当然のことながら、最初のうちはできないことの方が多く、弱みばかりに目が行ってしまうことになります。しかし、そこには大きな落とし穴が待っています。

「強み」と「弱み」は、同じ能力を表と裏から見ているようなもので、弱みを消すと強みも消えてしまう可能性があります。チャレンジ精神がある部下は失敗もしがちですが、日頃から慎重であることを求めすぎると、チャレンジ精神を失いかねません。また、独立心の強い部下は一人で暴走しがちですが、日頃から頻繁に報連相をするよう厳しく指導すると、独立心を無くしかねません。

弱点を補っても、多くの場合、その職員の能力は標準レベルに留まることが多いのもまた事実です。それよりもプラスを伸ばし、今の力を何倍にもすることで、その部下は組織の中で「余人を持って代えがたい有為な人材」となることができます。

●「強み」を伸ばし、組織を強くする

現在、ダイバーシティ、つまり多様性の実現が大きな課題となっています。予測が難しく、変化のスピードも速い現代社会では、多様性の高い組織こそが「機能する組織」と考えられているからです。同質性の高い日本組織の中でも特に公務組織は、採用方法等により同質性の高い人材で構成されています。多様性のない組織は、新しい環境に適応できません。

基礎的な能力が欠けている場合は、その能力を補う必要があります。しかし、弱みを補うことに集中せず、部下の強みを見つけて伸ばすことに集中しましょう。「尖った人材を丸くするのではなく、尖った人材をより尖らせる」ことが肝要です。

強みを伸ばすことは、組織を強くするためにも必要です。

Point

・「強み」と「弱み」は表裏一体であり、「弱み」を補うと「強み」が消えてしまうこともある。
・変化の激しい環境に適応するためには、組織を金太郎飴集団にしてはいけない。
・部下の強みを見つけ、伸ばすことに集中しよう。

14 本物の課題を与える。

●現実に意味のある課題を

部下の育成を図るために与える課題は、「本物」である必要があります。育成のためだけの課題を作り、あえてそれをやらせてみる教育方法も全く意味がないとは言えません。しかし、それは練習としての意味でしかなく、仕事を通じて学ぶことから得られる効果を半減させてしまいます。できる限り、現実に意味ある課題を与えることが効果的な育成に繋がります。部下はその課題を達成することに納得し、本気になれるからです。本物の仕事を通じて行う教育の方が高い効果があることが証明されています。

●本物に勝る練習はない

皆さんもこれまで「練習でも本番だと思ってやるように」と指導されたかと思います。しかし、本物に勝る練習はありません。ＯＪＴでは本物の課題を与えることができます。研修（ＯＦＦ－ＪＴ）においても最近は本物の課題を与え、実際の政策に反映されるような方法を取り入れています。しかし、これにも限界があります。この点、ＯＪＴにはメリットがあります。必ず本物の課題を設定することが可能です。

仕事を通じて行うＯＪＴは、本物の課題が与えられるという長所を最大限生かして行うべきです。練習のために作った課題を与えるのは、せっかくのＯＪＴの機会を無駄遣いしていることになり、もったいないと言わざるを得ません。

部下を本気にさせる本物の課題を与え、効果的な育成を図りましょう。

Point

- 課題は本物である方が育成効果は高い。
- 本物の課題を与えることは、ＯＪＴでしかできない。
- 部下が課題を達成することに納得し本気を出すよう、実際の仕事を課題として与えよう。

15 サポートを約束する。

●未体験なことは不安

「能力より少し高めの仕事をさせること」が効果的な育成には必要です。しかし、人は未経験のことをやるとき、不安感が募り回避したくなります。そこで、上司には部下の背中をそっと押すことが求められます。

上司が部下に対し自分はいかなる場合でもしっかりとサポートする旨をあらかじめ伝えておきましょう。

小さな子供に、自転車が乗れるように教える場面を想像してください。まず自分で乗って見せ、その後、言葉で説明します。しかし、それで終わりということは普通ありません。子供を自転車に乗せ、自分は自転車を持って支えることを何回か繰り返した後、徐々に手を離すのではないでしょうか。自転車を持つというサポートによって、子供は自転車に乗ることの不安を無くし、挑戦するのです。

このように、人を育てるのは、「サポート」が重要です。

●介入と支援の違い

そのサポートにも注意が必要です。サポートは、「支援」であって、「介入」ではありません。子供の自転車をずっと支えていたのでは、いつまでも自転車に乗れません。

介入と支援の違いは、発想の起点の違いです。上司が自分を起点に発想し、部下の思いを無視して行うのが介入です。上司が部下を起点に発想し、部下の様子を見ながら必要な範囲で行うのが支援です。

支援を必要としない状況を作ることが最終ゴールです。上司のサポートが必要と部下が思うときには素早く手を差し伸べ、サポートの必要が無くなるとさっと手を引くことが重要です。

支援を約束し、勇気を与える。しかし、支援を必要としない状況を作ることが最終目標であることも忘れない。部下が起点のサポートを目指しましょう。

Point

・部下の不安を取り除き背中を押すには、あらかじめサポートすることを約束する。
・上司に求められるのは、介入ではなく支援である。
・部下が起点のサポートを目指そう。

16 部下の成長を一緒に喜ぶ。

●気持ちの矢印を自分以外の人に向かせる

部下を成長させるために必要な上司の行動の一つに「一緒に成長を喜ぶ」ことが挙げられます。自分を信頼し支援してくれた上司に対して部下が抱く自然な感情は、その上司を喜ばせたいという気持ちです。確かに「評価される」、「褒められる」という気持ちも、部下の成長のエンジンになり得ます。しかし、その気持ちの矢印は部下自身の方に向いています。しかし、人は自分のためではなく誰かのためと思うとき、もっと頑張ることができます。自分の個人的な利益だけで完結してしまわないよう、気持ちの矢印を自分以外の人に向かせることが部下の成長を加速させます。

「利他」の気持ちが自分自身を勇気づけ成長させてくれるのです。

●上司自身も「利他」の気持ちを

上司自身も「利他」の気持ちを持つ必要があります。部下が育つと上司が楽になるのは事実ですが、それを部下育成の目的にしてはなりません。「部下を育てると自分が楽になる。だから上司は部下を育てるべき」と説く人もいます。しかし、それは老後の生活を豊かにするために子供に投資しようとする親のようです。上司が部下を育成する目的は、上司の個人的な私益追求ではなく、組織の使命を果たすという公益追求にあるはずです。

特に公務員には、他人の幸せを考える「利他」の気持ちが強く求められます。その気持ちは公務員が自然災害に立ち向かう場合など、危機に置かれたときの気持ちの支えにもなります。

部下の成長を部下と一緒になって素直に喜べる上司を目指してください。部下はそのような上司の喜ぶ顔が見たくて頑張り成長してくれるに違いありません。

Point

- 人は誰かのためと思うと、自分のためよりも頑張れる。
- 部下の育成は、上司が楽になるための手段ではない。
- 部下の成長を素直に喜べる上司を目指そう。

17 部下の能力、適性を把握する。

●正しく判断するために

部下を伸ばすには、能力と適性を的確に把握しておく必要があります。その際に注意すべき点があります。それは

・これまでの経歴だけで判断しないこと。
・本人の説明だけで判断しないこと。

の二つです。

これまでの業務経験や学習経験が、手掛りになることは間違いありません。しかし、業務経験は偶然に大きく左右されます。最初に配属された部署と最終到達の階層との間に、一定の相関があることを示す調査があります。最初の配属は特に偶然が大きく作用します。しかし、最初の配属がその後のキャリア形成を大きく左右するという事実は、職員の能力が最大限に発揮

されていないことを示しています。潜在能力を誰からも気付かれず、活かされないまま職業人生を終える人が多いのです。そうならないためにも上司は限られた情報で部下の能力、適性を決めつけずに、自分の目で正しく把握するよう努めることが求められます。

学校での専攻分野にも注意が必要です。進学時の限られた情報の中で判断したに過ぎない人も多く、また、学校で学んだ知識のほとんどは公務員として求められるレベルに到底及びません。

●自己認識と他者認識

さらに、本人の説明、つまり、自己認識を鵜呑みにしないことも重要です。面談などで話を聞くことは必要です。しかし、多くの場合、自己認識と他者認識にはズレがあります。人は自分を客観的に見ることができません。特に、他者からのフィードバックを受ける機会が少ない若手職員の中には、自己認識と他者認識が大きくズレてしまっている者がいます。

キャリアを正しくデザインするには、「何をすべきか」、「何ができるか」、「将来何をしたいか」の三つが重なることを客観的に正しく理解することが必要です。しかし、多くの人が理解しているのは、「今何がしたいか」という主観に過ぎません。

限られた情報だけで「決めつけ」ず、自分の目で部下の能力、適性を判断すること。それが部下の潜在能力を開花させ、大きく伸ばすことに繋がります。

Point

- 経歴や自己評価だけで部下の能力、適性を判断しないこと。
- 経歴は偶然の要素が大きく、自己評価は客観性に欠けることが多い。
- 限られた情報だけで部下の能力、適性を決めつけず、自分の目で確かめて判断することで、部下の潜在能力を開花させよう。

18 成長を目標に位置づける。

●能力向上と業績評価

業績評価を目標管理で行う人事評価制度が普及しています。あらかじめ業績目標を決め、半年後に目標がどこまで達成できたかを評価する方法です。業績目標を設定する際、もし部下が自分の能力向上を目標として設定してきた場合には、どうすべきでしょうか。

人事評価制度の一般的な運用では、能力向上は業績目標でないとして目標から外すよう、評価者が部下に指導することが求められています。能力向上はコンピテンシーを使った能力評価で測っているので二重評価となってしまうこと、また、個人的な育成目標は業績評価に馴染まないことがその理由です。

●育成は業務と切り離せない

しかし、成長を目標とすべきでないのは、人事評価制度上の話に過ぎません。

能力と業績が密接に連動しているように、育成は業務と切り離すことができません。部下に能力向上の具体的な目標を設定させ、それを共有することはＯＪＴにとって必要不可欠とさえ言えるものです。

業績評価の目標の中に能力向上を位置づけることが、人事評価制度の運用としては間違いであり、許されないとしても、部下が自分の能力向上を目標とすること自体を否定してはなりません。育成目標を上司と部下とで共有し、それに合わせた仕事を与え、フィードバックすることがまさにＯＪＴだからです。

部下の成長を目標として位置づけ、共有しましょう。

Point

- 目標設定は育成に不可欠である。
- 人事評価制度上、能力向上を業績目標に設定できなくとも、能力向上を目標に設定することと自体は必要である。
- 部下の成長自体を目標として位置づけ、上司と部下で共有しよう。

19 成果だけで評価しない。

●性急に結果を求めない

能力と成果には因果関係があります。しかし、能力が向上すると直ちに成果が上がるかと言えば、決してそうではありません。部下の能力を伸ばすには、上司は性急に結果を求めず我慢して見守る姿勢が大事です。

成果主義に近い言葉に、能力実績主義があります。能力実績主義と一つの言葉で用いられますが、本来、能力主義と実績主義は別の概念です。実績は本人の能力以外の環境要因に左右されることもあります。実績だけを評価するということは、一見公平のように思えて公平でない場合が多く含まれます。

●能力と実績は完全には連動しない

能力主義にも限界があります。能力を実績と切り離して評価することは、困難です。実績は、能力を一定程度客観的に示す証拠となることもまた確かです。

つまり、能力と実績は緩やかに関係しているものの、完全には連動しておらず、実績だけで評価すると部下の成長を見誤りかねないと言えます。また、実績だけで評価するという上司の姿勢は、部下の目標設定に悪い影響を与えてしまいます。部下は挑戦的な目標ではなく確実に実績を出せる手ごろな目標を設定してしまいます。その結果、育成に必須である「頑張れば達成できる困難な目標」ではなく、「頑張らなくとも達成できる目標」を設定し、成長できなくなります。

また、実績を上げられないと思った瞬間、その目標を早々に諦めさせてしまうといったマイナスもあります。仕事の中には、最後までやり遂げることに意味があるものがあります。失敗から教訓を得ることもできません。

能力実績主義は年功序列人事に楔を打ち、組織に活力を与えます。しかし、極端に成果だけで評価するような組織は、人を育てません。

上司には、成果だけではなく、幅広く部下を評価し、育てる姿勢が求められます。

Point

- 能力と成果は関係しているが、能力向上が直ちに成果に繋がるとは限らない。
- 成果だけで評価することは、部下の育成にマイナスである。
- 上司は成果だけではなく、幅広く部下を評価し育てよう。

20 可能性を否定しない。

●部下の可能性を一方的に判断しない

自己認識と他者認識が大きくズレている部下にフィードバックを与え、本人に気付きを与えることは本人の成長のために必要です。

しかし、部下の可能性を一方的に判断してはいけません。将来、部下がどう成長するかは誰もわかりません。計画した通りに人生は作られません。キャリアとは、気が付くと自分の歩いてきた道にできた足跡のようなものであり、偶然のチャンスを活かし、大化けする人材は多くいます。

上司は部下の可能性を否定しない。これは人材マネジメントの鉄則です。

●これから必要となる人材を育てるために

部下の可能性は無限です。それには、二つの理由があります。

一つめの理由は、人は変われるからです。人を無理やり変えることはできません。しかし、自分で真剣に変わろうと思い、意識、行動、習慣を改めると人は変わります。

もう一つの理由は、時代の変化です。過去の成功体験が将来の成功につながる保障はありません。公務組織においても人口減少やＡＩの導入によって環境が大きく変わり、仕事内容も大きく変化することは間違いありません。これまでの必要とされた能力が将来必要とされる保障はありません。これまでの価値観を当てはめて、部下の可能性を勝手に判断することは危険です。

誰もが正確に予想できない未来に備え、これから必要となる人材を育てるには、次のようなことを心掛けることが必要です。

・これまでの価値観だけで評価しない。
・多様性を認める。
・将来の可能性について否定しない。

誰も、人の真の可能性を判断する権利も能力もないと理解したいものです。

Point

・部下の可能性を否定しない。
・人は変わることが可能であり、時代の変化で必要な能力も変わっていく。
・自分には、人の可能性を判断する権利も能力もないと理解し、可能性を信じて伸ばそう。

21 部下によって態度を変えない。

●特別扱いをしない

部下の能力に合わせて指導を変える。このことは真理です。しかし、そのことは決して部下によって態度を変えることを意味していません。チームスポーツで、一流プレイヤーを特別扱いしすぎると、チームの和が乱れチームは弱くなると言われます。チームワークだけの問題ではなく、他のメンバーの成長意欲も下げてしまいます。

一流プレイヤーが特別扱いを受けていることに他のメンバーが刺激を受け、同じように扱われるよう頑張るのではないかという意見もありますが、それには一定の条件があります。その条件とは、個人プレーであることと、真に実力主義であることです。大相撲の世界はまさにこれに当たります。先輩後輩は関係なく、強いものが番付で上に立ち、上下関係もそれだけで整理されます。

●平等ではなく公平に

しかし、公務員の世界は、大相撲の世界とは真逆です。チームで仕事を行い、今でも年功的な要素を色濃く残した人事の運用が現実です。

そのような環境下では、一流プレイヤーを特別扱いするようなマネジメントにはデメリットの方が多く出ます。一部の部下を特別扱いするような上司の対応は、その他の部下を腐らせたり、自己肯定感を下げたりして、自己成長に関心を持てない職員を作ります。

能力の差に合わせて指導の中身は当然変えるべきです。しかし、指導の基本姿勢や日頃の部下に対する態度に差をつけてしまうのは禁物です。「全ての部下に公平に接し、能力に合わせて指導の中身だけを変える」というのが正しい理解です。

「公平」と「平等」という言葉は同じ概念だと思われがちですが、本来は全く別の概念です。この二つの言葉を借りて言えば、部下を「平等に扱うことは不可能」です。しかし、部下を「公平に扱うことは可能」です。上司は部下を例外なく公平に扱うべきです。

部下によって態度を変えない。このことで、育成の基盤である信頼関係が作られます。

Point

- 「部下の能力に合わせた指導」とは、「部下によって態度を変える」ことではない。
- 公務員の世界では、能力の高い部下を特別扱いしないことに特に留意が必要である。
- 「平等」ではなく「公平」を実現して、育成の基盤である信頼関係を構築しよう。

22 失敗を責めない。

●失敗の原因を気付かせる

部下の失敗を厳しく責め立てると、部下はチャレンジ精神を失います。失敗しないことを最優先し、再挑戦しようという気持ちよりも、最初から挑戦しない気持ちに傾きます。しかし、部下に同じ失敗を繰り返させないことは必要です。そのためには、「部下に失敗を自ら振り返らせる」ことが必要となります。部下が自ら失敗をしっかりと分析し、失敗の原因を整理し、将来の教訓にすることが重要です。上司が厳しく責め立て過ぎると、「仕事への反省」は「上司への謝罪」に変わり、部下の思考は停止してしまいます。

「将来への教訓化」が終わると部下に報告を求めましょう。上司は冷静に話を聞き、まだ本人が気付いていないことがあればそれに気付くようフィードバックします。客観的事実をあげて本人が気付くのを辛抱強く待ちましょう。この上司の我慢が部下を成長させます。

●失敗は成長のチャンス

人は失敗から学びます。失敗は仕事の上では決して好ましいことではありませんが、部下の成長の上ではチャンスでもあります。

このように上司が対応すると、部下も安心して色々相談して来るようになります。同じ失敗を繰り返さないよう意見を交わすことで、信頼関係も強くなります。

そもそも部下を育成するには、ある程度、部下が失敗することが前提となります。ＯＪＴは、部下が今持っている能力を少し超えたような仕事を与えることで成長を促しているので、当然です。むしろ失敗がゼロである仕事の与え方は、部下を成長させていない可能性があります。

失敗を責め過ぎると部下は委縮します。挑戦の気持ちを部下に持たせ、持続的に成長させるためにも、失敗させる勇気とサポートし続ける忍耐が求められます。

Point

・失敗を責め過ぎると部下は委縮し、挑戦しなくなる。
・「仕事への反省」を「上司への謝罪」に変え、部下の思考を停止させるような対応をしてはならない。
・将来への教訓にするよう、失敗に対する振り返りを上司はサポートしよう。

23 適切にフィードバックする。

●一人で気付けないことを気付かせる

部下にとって上司の反応は常に気になります。上司が過剰反応すると、部下は上司に常に見張られているという思いを持ちます。しかし、全く無反応なのはもっと問題です。上司は部下のフィードバック係と言っていいほどです。部下には見守っている安心感を与えるとともに、部下が気付いていないことを気付かせるのが上司の役割です。

フィードバックとは、上司が部下に「評価した結果を伝え返すこと」と一般的に定義されます。しかし、必ずしも評価には限りません。むしろ、上司の価値観で評価した結果よりも、「鏡のように」そのままを返すことの方が部下の気付きを促すには効果的だと言われています。「良かった」、「悪かった」という評価だけを返されても意味がないことが多くあります。成功か失敗かはすでに部下もわかっている場合が多いからです。生の情報を豊富に提供することの方が役に立ちます。ポイントは、「結論だけを言わず、評価の前段階の客観的な情報を多く提供すること」です。

●タイムリーに

もう一つのポイントは、タイムリーさです。間をおかず、部下が自分の行動について、まだ体が記憶しているうちに行いましょう。人は自分が取った行動であっても、驚くほど速く忘れていきます。フィードバックもその記憶が薄れていくのと比例してその効果は低下していきます。

人事評価制度の運用に関して、日頃から部下の行動を観察して詳細に記録に残すことを奨励するような研修があります。人事評価制度だけに限定すれば確かに正しいことですが、そのためにフィードバックからタイムリーさを奪うようなことになれば本末転倒です。人事評価制度の本来の趣旨は、モチベーションを引き出し、部下の育成を図ることです。評価は手段に過ぎません。

「鏡のように」、「タイムリーに」フィードバックを行い、関心を持って見守っている姿を部下に示しましょう。

Point

・関心を持って部下を見守り、フィードバックするのは上司の役割である。
・「鏡のように」、「タイムリーに」フィードバックを行う。
・正しくフィードバックして効果的に部下を育てよう。

24 自分を基準としない。

●自分に似た人に好感を持ちやすい

人は自分に似た人を高く評価しがちです。「あいつはよくわかっている」と物わかりがいいと評価している部下は、単に自分によく似ているだけでそう感じているのかもしれません。価値観や行動様式が自分に似ている部下は「一を聞けば十を知る」ことができる理解力のある人物に思えてしまいます。

また、人は自分に似た人に好感を持ちやすいとも言われています。公平に扱うことが部下を育成するには重要であることを十分理解しつつも、つい好感を持つ部下の育成に注力してしまいがちです。

自分が持つ無意識なバイアスを無くすには、部下を「自分基準でみない」ことが肝要です。

●それぞれの個性を伸ばす

プレイヤーとして高く評価されてきた上司は、特に注意が必要です。自分自身に絶対的な自信があるため、自分と同じように部下を育てようと考える傾向が強くなります。自分のコピーではなくそれぞれの個性を伸ばした多様な人材を育てることを目標にしましょう。

「自分色に染める」という指導方法には問題があります。特に最近は、歳が上の部下や中途採用のベテラン職員もいます。そのような関係の場合、「自分の型」を無理やり押し付ける上司に部下は抵抗感を覚えます。

また、上司と部下で能力が逆転しているケースもあります。上司が部下を育成するとなると、上司は部下よりも常に優れていなければならないと発想しがちです。しかし、育成する側が育成される側より能力で優位でなければならないというのは間違いです。上司の能力レベルを部下の育成目標の上限にしてはいけません。上司は、たとえ自分にその能力がなくてもフィードバック等で部下に気付きを与えながら部下を育てることができます。

「自分基準」で考えず、部下を自分の能力を超えた職員に育てましょう。

Point

・人は自分に似た人に好感を持ち、高く評価しがちである。
・自分と同じ人材となることを強要する「自分色に染める」指導方法から決別しよう。
・自分基準を捨て、自分の能力を超えた部下に育てよう。

25 部下のための時間を確保する。

●自己犠牲の気持ちを行動規範に

部下から相談を持ち掛けられた場合、後回しにせず自分の仕事を多少犠牲にしても対応するようにしましょう。教える側に一定の自己犠牲が伴います。上司が、自分に余裕のある時だけ部下に対応するという姿勢をとると、部下は相談を控えてしまい、ＯＪＴは成立しません。

自己犠牲を自分の行動規範にしておく必要があります。「部下のための時間を確保すること」を常に意識し、それを優先する行動をとりましょう。

部下のための時間を別枠で用意しておく感覚です。さもないと、突発的な出来事の連続などで「部下のための時間」がいつも犠牲になってしまうことになりかねません。

●余裕のある上司に

このようなタイムマネジメントを実践すると、部下から「余裕のある上司」に見られ相談しやすい存在になれます。いつも忙しそうに走り回る「余裕のない上司」は相談しにくい上司です。

「うちの部下は報連相しない。どうすれば報連相をする部下に育てることができるか」という質問を受けることがあります。その質問に対して「あなたは忙しく走り回ったりして部下から余裕がないと思われていませんか」とお聞きします。「忙しいからこそしっかり報連相してもらいたい」と反論されることもあります。しかし、部下に報連相してもらう一番の方法は、「報連相をしやすい上司」になることです。部下に余裕を見せ、決して「忙しいから相談は後にして」とは言わない覚悟を持ちましょう。

Point

・部下の育成には自己犠牲が伴う。
・「部下のための時間」を確保する。
・部下から「余裕のある上司」に見られることを目指そう。

26 部下の目線に合わせる。

●「説得」ではなく「納得」を目指す

上司が育成しようといくら努力しても響かない部下もいます。基本的資質に欠けるのではないかとイライラしてしまい、育成を諦めてしまう。そうするとますますその部下は育たない。そんな悪循環に陥ってしまいます。

そのような悪循環を断ち切り、好循環に転換するには、イライラする自分の気持ちを抑え、自分の行動を変えるしか手段はありません。

小さな子供に何か言って聞かせるとき、しゃがんで子供の目線に合わせます。多くの人が意識せず自然にとる行動です。それと同じく、響かない部下に対しては、部下と同じ目線となるようしゃがんでみる必要があります。

決して説得をしないことも肝要です。目指すべきは「説得」ではなく「納得」です。納得するかしないかは部下の気持ち次第です。無理やり納得させることはできません。説得しても必ず納得するとは限りません。

●まずは話を聞くことから

成長することの意義や面白さを自分で理解して、初めて学ぶ気持ちになります。「馬を水辺に連れて行くことはできても、水を飲ませることはできない」というイギリスのことわざがあります。無理強いをしても部下を変えることはできません。水を飲みたくなる環境を作り、部下が水を飲むのを待つしか上司はできないのです。

変わろうとしない部下に上から目線で厳しく批判すると逆効果になることさえあります。部下に寄り添い、同じ景色を眺め、同じ土俵に立って話を聞くことからスタートしてみましょう。

Point

- 自ら変わろうとしない部下をいくら批判しても変わることはない。
- 「説得」ではなく「納得」を目指そう。
- 目線を下げ、部下に寄り添い、同じ土俵に立って話を聞こう。

27 多様なリーダーシップを理解する。

●人に成果を出させる

「上司は部下を指導する立場だから、仕事では常に部下に負けてはならない。」そのように教える人がいます。管理職員一人ひとりが、常に自己研鑽に励むよう心掛けることはもちろん大切なことです。しかし、「部下に負けてはならない」と考えると、多様なリーダーシップを否定することに繋がります。

上司に求められるのは、プレイヤーとして部下に勝ることではなく、部下を育てモチベーションを引き出すことです。組織内の役割分担として上司という立場に求めるのは、「自分で成果を出す」のではなく、部下を育てモチベーションを引き出し、「人に成果を出させる」ことです。プレイヤーとして部下より優れている上司は、部下のロールモデルとして望ましいかもしれませんが、マネージャーの条件ではありません。

●等身大の自分を見せる

「プレーヤーとしても部下より上でなければならない」という考えは、実力以上に自分を見せ、部下と競いあう上司を作るという問題があります。

リーダーシップには「伴走型リーダーシップ」と呼ばれるように、引っ張るだけでなく一緒に走るスタイルがあります。また、「奉仕型リーダーシップ」と呼ばれるように、フォロワー（部下）を支えるスタイルもあります。多様なリーダーシップスタイルの有効性が明らかとなった現在において、旧来のリーダーシップスタイルだけを上司に求めると、その結果、等身大の自分を見せない上司を増やしてしまいます。

常に上司は部下の上に立つべきという発想は、上司と部下の双方を苦しめます。多様なリーダーシップを理解し、等身大の自分で部下に向き合いましょう。

Point

- 常に上に立とうとしない。
- リーダーシップの取り方は多様である。
- 部下と競わず等身大の自分を見せよう。

28 責任は自分がとる。

●部下を守る

人は失敗から多くを学びます。失敗を一切認めない組織風土は、人が成長しにくい組織風土と言えます。失敗しないことが最優先されると、挑戦を避け、前例踏襲の無難な仕事に終始してしまいます。

仕事を通じて育成を図るには、「頑張ればできる」よう能力を超えた目標を設定すべきです。一定の失敗を見込んだギリギリの目標設定が成長を加速させるのです。

人事評価制度の運用によっては、挑戦しない部下を作ってしまいます。部下の気持ちを奮い立たせ、挑戦的な目標を設定させるためには、失敗したときに「部下を突き放さず守る」ことをあらかじめ約束することが重要です。

●部下には新たな挑戦を

「責任は自分がとるから思い切ってやれ。」

私の長い公務員生活の中で最も心に残る上司の言葉です。このような言葉で背中を押された経験を持つ人はきっと多いことでしょう。このような言葉で激励してくれた上司に迷惑はかけられないと、むしろ部下は自分の責任を重く受け止めます。上司が守ってくれるという気持ちを持つだけで勇気が出ます。

特に昨今、公務員には僅かなミスも許されない風潮があります。もちろん、国民、住民の生活に支障を生じさせるようなミスは許されません。しかし、不祥事は作為だけでなく不作為からも発生します。事なかれ主義が国民、住民の利益を損なう結果を作ります。

リスクマネジメントをしっかりしながらも部下には新たな挑戦をさせる。そのためにも責任は自分がとり、部下を守る。

失敗を恐れず挑戦する気持ちにさせ、育てるには、上司の覚悟が求められます。

Point

・部下には一定の失敗を前提としたギリギリの目標を設定させる。
・失敗を一切認めない組織風土は、事なかれ主義を生み、不作為による不祥事発生の土壌となる。
・責任は自分がとることを伝え、部下には失敗を恐れず挑戦する気持ちを持たせよう。

29 本物のスペシャリストに育てる。

●ジェネラリスト？　スペシャリスト？

「ジェネラリストとして育てるべきかスペシャリストとして育てるべきか。」研修でよく問われる質問の一つです。私の答えは明確です。それは「スペシャリスト」です。その理由は二つあります。専門性が求められないとなれば、職員は自分のキャリアを前向きに捉えることができず自己啓発に励みません。そしてもう一つの理由は、現実にジェネラリストと呼ばれている職員の多くは、「結果としてのジェネラリスト」であって、「何でも屋」に過ぎないからです。「何でも屋」集団は差別化ができず、競合他社に勝ち抜くことができません。今の百貨店業界の不振ぶりを見ても明らかです。

「何でも屋」が必要とされたのは、役所が情報を独占し、役所内部で全て仕事が完結していた時代でした。百貨店に例えるならば、各地域の百貨店が情報発信の唯一の拠点だった時代です。

しかし、今や知識情報は役所の外にも存在し、さまざまな組織や住民と協働してやっていかなければ行政が展開できない時代です。高度に専門的な情報が役所の外に溢れている時代に、専門性の欠如により職員がその情報を理解できず、他者と協働することができないという事態は避けなければなりません。

ＡＩの登場にも影響されます。ＡＩでは処理できないような高度で専門的な人材が、これから必要とされる職員の姿です。

「全員スペシャリストに育成すべき」との主張に対して、「管理職は必要ないのか？」との反論があります。しかし、管理職は文字通り「管理するスペシャリスト」であり、「人に成果を出させるマネジメントのスペシャリスト」であるはずです。

これまでは、管理職は経験さえ積めば誰でもできるように思われ、また、人事部門も高い専門性が必要な部門とはみなされてきませんでした。しかし、人事は本来極めて専門性の高い業務です。

部下にダントツの専門性を身につけさせ、本物のスペシャリストに育てる。時代は間違いなくその方向に向いています。

Point

- 「何でも屋」を意味するジェネラリストの時代は終焉を迎えている。
- 管理職もマネジメントのスペシャリストでなければならない。
- AIにとって代わられない「本物のスペシャリスト」に部下を育てよう。

30 どこでも通用する人材に育てる。

●必要とされる人材に

どこでも通用する人材に育てることを目標としましょう。ただし、意味を取り違えてはいけません。どこでも通用する人材とは、無色透明な人材でも、普通の人材でもなく、むしろ逆です。資格を多く取得し汎用性のあるスキルをいくら身につけていてもそれだけでは必要とされる人材にはなれません。どこでも通用する人材とは、必要とされる人材であり、他の人材と差別化できる何かを持っている人材です。

公務員の世界もいずれ終身雇用が終わり、転職が一般的になると予言する人がいます。そして、採用や育成も民間企業と同じにすべきと主張する人もいます。しかし、全ての民間企業が独自の採用や育成を目指し、競合他社に負けないよう努力しています。他社をベンチマークして自社を客観的に分析することはしますが、それは差別化を図るためです。他と同じになることを自社の目標に掲げる会社はありません。

●今の仕事で腕を磨く

行き過ぎた公務員特殊論は、独善を生み危険です。しかし、公務員であることを否定し過ぎるのも、ある種の公務員特殊論と言えます。民間企業と同じであることを目指すならば、独自の採用や育成を目指すべきです。

民間企業から学ぶことは必要ですが、民間企業の社員のようになるのではなく、正しい意味で「公務員らしい公務員」になることが必要とされる人材となる方法です。

「これからは、公務員を特殊と考えずに民間企業の社員と同じように考えるべきである」とする主張は、現在多くの支持を集めています。しかしそれが行き過ぎてしまうと、公務員からアイデンティティーを奪ってしまいます。

今の仕事で腕を磨くことが、どこでも通用する人材になるための近道だということをぜひ部下には伝えてください。「今の仕事と自分に誇りを持たせる」ことが育成につながります。

Point

・どこでも通用する人材とは、独自の価値を持つ必要とされる人材である。
・正しい意味で「公務員らしい公務員」であることが、必要とされる人材に近づく。
・今の仕事で腕を磨くことが「どこでも通用する人材」となることを部下に伝えよう。

31 自慢話をしない。

●自慢話は心理的反発を買う

悪気はないけれど、つい自分の自慢話を部下にしてしまう上司は少なくありません。自分の成功体験を語ることで、仕事に即した指導ができると思うのは無理もないことですが、自慢話は禁物です。自慢話は、それを聞く部下の心理的反発を買ってしまい、素直に聞いてもらえません。

研修で成功者に講話をいただくことがあります。もちろん、成功者の話は皆とても有益な内容ですが、研修後のアンケートを見ると、自慢話をした講師は極端に評価が下がる傾向にあります。成功者なので過去の成功体験を語ると自然と自慢話のようになってしまうのはある意味仕方がないことではあります。しかし、同じ成功体験を語る場合でも、苦労した経緯を具体的に語り、「今振り返ると、ああしておけばよかったと後悔している。」など反省を口にされた講師の評価は高くなります。

●失敗から多くを学べる

自慢話が禁物である理由はそれだけではありません。そもそも成功とは全ての条件が揃ったという偶然の要素が大きく、将来同じことをしたからといって成功する保障はありません。それどころか、過去の成功体験を引きずって自分を変化させることを忘れた人は、二度と成功できません。人は環境の変化に合わせて自分をどれだけ変え続けられるかが勝負となります。

自慢話をしても、それを聞く部下は本能的に耳を塞ぎます。また、人は成功より失敗から多くを学びます。

自慢話の代わりに失敗談を語り、教訓にさせましょう。

Point

・自慢話を部下にすることは禁物である。
・過去の成功体験は、現在の環境下では適合しないケースが多くある。
・部下には自慢話の代わりに失敗談を語り、教訓にさせよう。

32 飛び越えて指導をしない。

●指導内容が違ってくる場合がある

日頃係長が育成している係員に対して、課長が係長に相談なく直接係員に指導する。そんな場面があります。係長は内心複雑な気持ちを抱えながらも、課長に文句が言えず黙っているか、内心とは裏腹に感謝を述べたりします。

「飛び越えて指導をする」のはよくありません。どうしてもやらなければならない場合は、課長はあらかじめ係長と相談して指導内容をすり合わせてから行う必要があります。もし、係長の指導と課長の指導の内容が真っ向から食い違うとどうなるでしょう。おそらく、係員が課長から受けた指導内容を係長に説明するという事態になります。係長は受け入れるしかないのですが、面子が潰され今後の指導に悪影響を及ぼします。係員からしても、係長からの指導が課長によってまたひっくり返されるかもしれないと不安を持ちます。

●ブレない指導

「飛び越えて指導をする」ことの副作用は大き過ぎます。課長の自己満足だけに終わる場合もあります。何より指導内容をブレさせてはなりません。指導する職員を信頼して任せる。そのことが、指導する職員に責任感を持たせ、育成される職員からも尊重される環境を作ります。

しかし、傍観者となることも許されません。責任は常に自分にあることは意識すべきです。係長に係員の育成について報告を受け、課長も当事者として取り組む姿勢が求められます。「直接手は下さないが当事者として貢献する」。そのような意識を持つ必要があります。

「直接の指導者（係長）」の指導者（課長）は、黒子に徹する。その姿勢が係員と係長双方を育てます。

Point

・役職の段階を飛び越えて、指導をしてはならない。
・サポートのつもりでも、「飛び越えて指導をする」ことは、直接の指導者の「足をすくう」ことになる。
・黒子に徹することは、「直接の指導者」と「指導される者」を育てることに繋がる。

33 準備ができたら無茶ぶりをしてみる。

●本番の経験に勝るものはない

基礎的な力を身につけた部下を飛躍させるには、「無茶ぶり」をしてみることも必要です。学んだスキルを使うには経験させるしかありません。部下を育てるために与える仕事の難易度は「頑張ればできる困難なレベル」が原則ですが、殻を破り大きく脱皮する時には、そのレベルをギリギリまで高くしてみることが大事になります。

上司が意図的に飛躍のきっかけを作ることが成長を後押しします。「責任は自分がとる」と言って送り出しましょう。

●リスクを取ることも必要

スポンサーシップを発揮することが求められます。上司は部下のスポンサーとなり、見返りを求めず支援する。そんな姿勢が部下を成長させます。リスクを全く取らない上司は、部下を育てられません。部下に無茶ぶりをすることは、あえてリスクを取ることを意味します。練習ばかりさせてゲームに出さなければ、どんなスポーツ選手も育ちません。

リスクマネジメントとは、リスクを最小化しながらリスクを取ることであって、最初からリスクをとらないことではありません。

準備ができていない部下に、無茶ぶりをするのはもちろん禁じ手です。無茶ぶりしてよいのは、「準備ができた部下」です。部下が基礎的な力を身につけたら、時を逸することなく飛躍の機会を与えましょう。早すぎても、遅すぎても成長にはマイナスです。

信頼関係で結ばれていたら、上司の無茶ぶりを部下は前向きに捉えます。成長のチャンスを与えてくれた上司の期待に応えるよう頑張るに違いありません。上司の無茶ぶりを前向きに捉える部下と、部下の支援を惜しまない上司。そんないい関係を目指しましょう。

Point

- 準備ができた部下には、飛躍のきっかけを与えるべきである。
- 飛躍のきっかけを作った後は「責任は上司がとる」と伝えて、部下の支援をしよう。
- 基礎的な力を身につけた部下にはタイムリーに無茶ぶりして、成長を加速させよう。

34 優秀な部下を教育係にしてみる。

●人を育てるスキルを向上させる

「教える人は、教えられる人以上に成長する」と言われます。人に何かを教えようとすると、勉強することが求められます。また、わかりやすく教えるには、体系的に理解しておく必要があるため、自分が学ぶ時より学びが深くなるとも言われます。

先輩職員をあらかじめ教育係として指名するいわゆるビッグブラザー・シスター制度は最近広く普及しています。しかし、全部が上手く運営されているわけではありません。うまくいかない原因は主に、教育係の選定と教育係への教育です。採用何年目の職員をもれなく教育係とするなど厳選しない場合や、教育係を指名しても研修をせずに個人任せにしている場合などです。

●自分ができるからといって、人に教えられるとは限らない

教育係となる先輩職員を厳選し、研修を受講させてスキルを上げるとともに誇りと責任感を持

たせることが肝要です。そうすることで、教えられる後輩職員からも制度への信頼が得られます。

「できる力」とそれを誰かに「教える力」は別物です。自分ができることを他人に伝えるのが下手な天才もいます。「できる人でかつ、教えられる人」を教育係とするのが理想ですが、教える力は研修で補えます。選ばれた教育係全員をしっかり研修しておく必要があります。研修で人を育てるスキルを修得することは、基礎的な人材マネジメント能力を養成することにもなります。

優秀な部下を教育係にすることで、教えられる職員だけでなく教える職員も育てましょう。上司には、自ら育てるだけでなく、そのような仕組みを作る役割も求められます。

Point

・教える立場は、教える人自身も成長させる。
・しかし、先輩職員全員を教育係にするのは本末転倒である。
・教育係は厳選し、研修で人を育てるスキルを育成し、誇りと責任を持たせよう。

35 本当に理解しているか振り返らせる。

●目的を意識させる

上司からすれば当然理解しているだろうと思う点を部下は全く理解していないこともあります。「わからない時は遠慮なく言うこと」と日頃から指導しておくことが必要です。ただし、この指導にも限界があります。なぜなら部下は「何がわからないかわからない」からです。

全体像が見えていない場合、人は「今自分は何を理解しておくべきか」がわかりません。後で振り返ると「あの時あのことを理解しておく必要があった」ということがわかるようになります。しかし、その時は「何が何だかわからなかった」のです。

上司の方から積極的に部下が理解しているか質問して確認する必要があります。ただし、「わかった？」という質問では不十分です。理解していなければ答えられないような質問をすることがコツです。

●学んだ内容を言葉にする

日常的に「振り返り」をさせ、自分の学びが十分かどうかを自分でチェックするようにさせましょう。この「振り返り」が意外と大事です。つい上司は、できるだけ短期に多くのことを学ばせようとしがちです。詰め込み過ぎると、「振り返り」ができずに学んだことが身に付きません。

「振り返り」を支援するには、上司から振り返りのきっかけを与えましょう。「学んだ内容」を必ず部下自身の言葉にさせましょう。言葉にできない場合は、多くの場合、わかったつもりに過ぎなかったことを意味します。また、「残された課題」を設定させましょう。それは、学びを継続させるためです。

上司には、部下の日常的な振り返りを支援する役割が求められます。

Point

- 部下には「何がわからないかわからない」場合がある。
- 上司から部下に「理解していなければ答えられないような質問」をしてみよう。
- 詰め込まず振り返りをさせ、学びを定着させよう。

36 本気で期待し言葉で伝える。

●人は期待されると応えようとする

期待は、人を成長させます。人は、誰かに期待されていると感じるとそれに応えようとする本能を持っています。人間関係から遮断され、誰からも期待されていないと感じたら成長しようとする意欲は失われます。

しかし、期待するにもいくつか注意点があります。

●三つの注意点

一つ目は、「過剰な期待をしない」です。人から期待されることは嬉しいことです。しかし、その期待があまりに過剰な場合、負担に感じてしまいます。

期待が過剰か否かを客観的に正しく見極めることが大事です。自分の期待が「本気」かどうかを自問自答してみましょう。自分の言葉に真実があれば、一定程度過剰さを抑えることができます。

二つ目は、「公平さに配慮する」です。「褒めるのは人前で、叱るのは一対一で」というのが一般的に知られている鉄則です。しかしめったに褒めない上司が、大勢の前で特定の個人だけを褒め、「期待」を表明することは慎重であるべきです。「褒める」という行為は部下を育てる上でも大事なことです。「褒める」ことは、過去の事象を対象としており、比較的納得感は高く嫉妬を感じる人も少なくて済みます。しかし、褒めた後に「期待」まで表明すると、公平性が失われる可能性が高まります。なぜなら、「期待する」ことは「未来」を対象としているからです。新しく配属された職員のように客観的に明らかな違いがある場合を除き、期待は大勢の前ではなく、一対一で伝えましょう。

三つ目は、「言葉にする」です。上司は、言葉にしなくても部下には気持ちが伝わっていると思いがちです。日本の組織文化は「コミュニケーションを行う際に、言葉そのものよりも、文脈や背景、言外の意味を重視する」ハイコンテクスト文化です。世代による価値観の差異が増大している職場環境では、そのマイナス面が大きくなってきています。

「言わなくてもわかっているはず」と思う古い世代と「言わなければわかりようがない」と

思う若い世代ですれ違いが起きます。「厳しく指導するのは期待の裏返し」であると部下も十分理解してくれているに違いないと思っていた上司が、突然パワハラ被害を訴えられ、愕然とするケースもあります。

期待は言葉にして伝えましょう。必ず伝えるには、言葉にするしかありません。

Point

- 「期待」が部下を育てる。
- 「過剰な期待」をせず、「公平さ」に配慮し、「言葉」で伝える。

37 受け止め、共感する。

●上司と部下の信頼関係

上司と部下の信頼関係を構築できるかどうかは、上司のコミュニケーションスタイルにかかっています。

部下の話に真摯に耳を傾ける姿勢が大事です。最近はコーチング研修の受講者が増え、「傾聴」の重要性を理解している人が増えました。「傾聴」の「聴」という文字が「耳」＋「目」・「心」から成るとして、「相手の目を見て、耳だけでなく心で聞く」と研修で学んだことをスラスラ言える人も少なくありません。「一方的に話さない。話し過ぎない。」ことも重要です。「ひたすら聴く」ことは基本中の基本と言えます。

ただし、現実にできている上司は少ないようです。私は幹部から新人まで各階層の研修講師をしていますが、必ず「部下の話を聞いている」上司と「上司に話を聴いてもらえていない」

部下という構図があります。常にこのギャップは存在します。
そこで、「聴くだけでなく、受け止め共感する」ことを意識し、自分の行動のルールとしましょう。

●「誰に言われたか」が意味を持つ

上司はいきなり「フィードバック」をしたくなります。しかし、フィードバックの効果を上げるためにも、部下の「聞く耳」を作ることが大切です。「上司が自分の話を受け止め、共感してくれた」と感じたら、素直に聞くことができます。人は自分を受け入れてもらえていない人からのフィードバックには謙虚に向き合おうとしません。「何を言われたか」以上に「誰に言われたか」が意味を持ちます。また、関係性は不動ではありません。常に「信頼の口座」に預金し続けなければ、残金はゼロとなってしまいます。預金に当たるのが、「受け止め、共感する」行為です。

「受け止める」際は、自分の言葉に翻訳して聞き返すこと。翻訳が無理でも「繰り返し」をしましょう。

「共感する」際もなるべく言葉で返しましょう。

「受けとめ、共感を示す」ことに必要な時間はわずかです。これを時間の無駄と省略しフィードバックに時間をかけるより、受領と共感に時間を割く方が効果的です。

フィードバックの前に必ず「受け止め、共感する」ことを習慣にしましょう。

Point

- 育成の基盤を作るには、「信頼」を預金し続けることが重要である。
- 部下の話を「ひたすら聴く」傾聴は大切である。
- フィードバックの前には必ず「受け止め、共感を示すこと」を習慣化しよう。

38 育成方法は部下に選ばせる。

●自分で決めたことの方がやる気が出る

部下がOJTを素直に受け入れるためには、育成方法を押し付けないことが大事です。他の方法が自分の能力を高めるには効果的だと思うと、迷いが生じ、学ぶ意欲が下がり、育成効果も低下します。上司の方が学んだ経験も豊富であるため、部下の育成方法を正しく選択できると思われるかもしれません。しかし大切なのは、「客観的な正しさ」以上に「部下の納得」です。人は誰かが決めたことより、自分で決めたことの方がやる気が出ます。当事者意識が高まり、責任を全うしようとします。

本人自身が育とうと思わない限り育ちません。部下にコミットさせる必要があります。

●部下に判断させる

最初から最後まで全て部下に任せよと言っているのではありません。上司は部下に育成方法をいくつか提示し、その中から選ばせることにします。これまで自分が学んだ方法を含めいくつかの選択肢を示し、十分に話し合い、最後に部下自身に選ばせる。そんなプロセスを大事にしましょう。

学ぶ方法を選ばせることは、「学ぶことを学ぶ」ことにも繋がります。「他学」から「自学」への助走にもなります。人は誰も最初から自転車に乗ることはできません。しかし、一度自転車に乗れた人は何年かのブランクがあっても乗ることができます。上司は、部下の「補助輪」です。いずれ補助輪を外し自分で自転車を乗りこなさなければ、いつまでも自転車には乗れません。

上司が目指すべきは、「自律的に学び続ける部下」に育てることです。そのためにも、部下に判断させ、学び方を学ばせましょう。

Point

・育成方法は押し付けず、部下に選択させる。
・客観的正しさよりも、部下が学びにコミットすることの方が大事である。
・「自律的に学び続ける部下」に育てよう。

39 細かく干渉しない。

●やらされている感覚に…

皆さんは子供の頃に親から「宿題まだしていないの？」と言われただけでやる気が無くなったことはありませんか。干渉されると、やろうとしていた事もやる気になれないものです。

部下の育成にも同じことが言えます。上司から細かく指導されると、部下はやらされている感覚になり、自分が主役でなくなります。主役は部下であり、上司は脇役に徹すべきです。

部下に主導権を与えましょう。目標やスケジュールについてすり合わせた後は、できるだけ介入せず、見守る姿勢が重要です。受け身となりがちな部下も、裁量が与えられると能動的になります。

●放任も過保護も問題

部下の教育も子供の教育と同じで、放任も過保護も問題を生みます。正しい教育はその間にあります。部下のことを大事に考えるがためにかえって過保護にしてしまうケースがあります。「相手を大事に思う」だけでなく、「相手の立場に立つ」ことが求められます。

部下育成も人材マネジメントの一つです。最もダメなマネジメントは「管理されていると感じるマネジメント」です。正しいと言われる「管理されていると感じないマネジメント」で部下を育成しましょう。

細かく干渉すると、人は全てを「他責」で考え始めます。失敗しても「人や環境のせい」と考え、思考が停止してしまいます。

「他責」ではなく「自責」の気持ちを持たすために、細かく干渉せず、信頼して見守るようにしましょう。

Point

・細かな干渉は部下のやる気を奪う。
・大事に思う気持ちが過保護になり問題を生むこともある。
・上司に管理されていないと部下に感じさせ、自責の気持ちを持たせよう。

40 右往左往しない。

●時には突き放す

　育成の過程で多くの部下は壁にぶつかります。その壁を乗り越えさせるために部下を突き放すことも場合によっては必要です。自分で乗り越えることが必要という場面では、心を鬼にして手を差しのべないことも大事です。

　育成には忍耐が必要です。忍耐は教えられる部下だけでなく、教える上司にも必要です。部下が困ったときいつも助け船を出すような教育は部下をダメにします。必ず助けてもらえると思えば、依存心が生まれ、自分で乗り越える覚悟や、やり遂げる勇気を持つことができなくなってしまうからです。

　怪我をしないギリギリのところまでは辛抱して見守る。かすり傷ぐらいなら負わせてみる。そんな覚悟も時には必要です。

●一度決めたら続けさせてみる

部下の成長が止まったと感じた時、上司があまりにも性急に適性がないと判断してしまうと部下の可能性を狭めてしまいます。成長は直線的ではありません。曲線で表されます。誰もがスランプになり水平な線になることもあります。線が水平になったからと言って、すぐに違うことをさせるのは間違いです。人は大きくジャンプするためには、直前に一度深くしゃがみ込む必要があります。もしかすると、スランプに見えている状況は、飛躍の前の準備かもしれません。

上司には忍耐が必要です。目標や指導方針をすぐに変更する上司は、部下の信頼を失います。

部下が壁にぶつかった時、時に突き放し我慢して見守る。また、一度、目標や指導方針を決めたら我慢して続けさせてみる。上司は右往左往せず見守る。それが部下の自立心を育て、飛躍を生みます。

Point

- 壁を乗り越えるためには、部下を突き放すことも時には必要である。
- 人の成長は一直線では描けない。
- 成長が止まったと感じた場合でも我慢して続けさせることが必要である。

41 潜在能力とモチベーションで適性を判断する。

●多くの職員が今の配置に不満がある

仕事を通じて部下の育成を図るには、一人ひとりの部下について、どんな仕事に適性があるかを見極める必要があります。適材適所に人を配置する意味は、全ての人を「適性」のあるポストに就けることです。しかし、多くの職員が今の配置に不満を持っています。「他者評価」と「自己評価」のズレによるものであり、不満を持つのはある程度仕方がないとも言えます。しかし、適性を職員の現有能力だけで判断していることも不満を持つ人を多くしている原因です。

職員の多くは、適性を、今自分が持っている能力だけでは判断しません。その仕事が「今やれるか」だけではなく、その仕事を「やれそうか」でも判断します。顕在化している部下の現在の能力は、ほんの一部に過ぎないと考え、部下の可能性を信じること。潜在能力まで見極めることが求められます。

●本人がやりたいことも考慮する

モチベーションも適性を判断する際の重要な要素です。「好きこそものの上手なれ」という言葉があります。人は好きなことには熱心に努力するので上達が早いという意味です。しかし、公務組織の人事配置では職員がその仕事を「好きかどうか」は原則反映されません。人事配置は、どうしても「やれること」が主な考慮要素となります。職員個人の思いである「やりたいこと」については考慮されにくいのです。

それでも、上司は部下の気持ちに寄り添い、組織の「全体最適化」の中で、部下のキャリア形成が犠牲にならないよう「好きなこと」についても最大限に配慮することが求められます。それができるのは、部下の近くにいる上司しかいません。

適性は潜在能力とモチベーションで判断する。そのことで「人材」を「人財」に変えることができます。

Point

・適性は現有能力だけでなく潜在能力も考え判断すべきである。
・その仕事をやりたいかどうかも適性判断の重要な要素である。
・潜在能力とモチベーションでも適性を見極め、部下を伸ばそう。

42 キャリアを一緒に考える。

●将来最適

部下の将来のキャリアに関心を持ち、応援してくれる上司に部下は信頼を寄せます。同じ仕事でも、「上司に便利に使われている」と思ってするか、それとも「将来のキャリアを考えて使ってくれている」と思ってするかでは「仕事から学ぶ意識」も大きく違ってきます。上司は可能な限り、部下のキャリアを考慮して仕事を配分することが求められます。

それには、まず「適材適所」を正しく理解しましょう。効率を最優先し、最も効率的に成し遂げられる職員に仕事を分配するとどうなるでしょうか。現有能力を使って効率的に仕事を遂行することはできますが、潜在能力を引き出し伸ばすことはできません。育成は投資であり、今を犠牲にする覚悟が必要となります。部下の将来のキャリアを考え、今の能力では十分にこなすことができないような仕事をあえて与えることが必要です。「現在最適」だけを実現するのが適材適所ではありません。「将来最適」も実現するのが適材適所です。

●「強み」に言及する

強み弱みを部下本人は必ずしも正しく認識していません。強みを気づかせましょう。ただし、強く誘導することは避けるべきです。「評価」ではなく「支援」に徹しましょう。「弱み」ではなく「強み」に言及しましょう。強みを伸ばすことがキャリア形成の基本です。弱みを補うだけでは標準的な人材となるだけです。

支援は、部下の気持ちを確認しながら行います。どんな研修を受けてみたいか、どんな仕事にチャレンジしてみたいかなど希望を聞いてみましょう。将来のキャリアは固定的に考えてはなりません。「偶然のチャンスを活かす」ため、さまざまな「準備」をしておくことが必要です。固定的に考えすぎると偶然のチャンスを見過ごしてしまいます。

一緒にキャリアを考え支援してくれる上司を部下は信頼し、学ぶ意識を高めて成長します。

Point

- 部下のキャリアを考え「将来最適」も考えて仕事を与える。
- 「強み」を伸ばすことで価値ある人材に育つ。
- 「評価」ではなく「支援」に徹し、部下の学ぶ意識を高めよう。

43

同じ土俵で議論する。

●世代論には限界がある

時には、上下関係を抜きにして、同じ土俵で部下と議論してみましょう。

経験豊富な上司からすれば、相手にしたくないような議論が展開されることもあるでしょう。しかし、我慢が必要です。自分が若い時、そんな議論の相手を我慢強くやってくれた上司がいたはずです。テーマは現実の課題にしましょう。既成概念にとらわれずに、自由に発想することを促しましょう。

公務組織は年功序列人事が残っています。それが上意下達の業務執行と重なり、風通しの悪い職場風土となっている面は否めません。若い職員の自由闊達な議論が自然と封じられるような風通しの悪い職場風土は、若い職員の育成にとってマイナスです。そのような職場にしないためには、上の世代が歩み寄るほかありません。意識的にフラットな場面を作り、部下を巻き込み自由に議論を戦わせることが肝要です。

●若い職員の意見を聞く

上の世代に優位性があるという時代ではなくなりました。上司と部下が互いに学ぶ必要は高まっています。上司も部下から謙虚に学ぶ姿勢を持つ。このことで互いが成長します。民間企業の一部は、リバースメンターという制度を導入しています。「下から上へのメンター」です。メンターをさせるとメンター自身が成長すると言われます。リバースメンター制度の場合、部下が上司を教えることで、部下自身が成長します。

働き方改革には負の側面があります。効率最優先の発想から、成果に直接繋がらない行動を否定してしまうおそれがあります。私語厳禁など目の前の仕事にだけに専念する効率最優先のマネジメントは職場から議論を無くしてしまいます。しかし、議論が自然発生する職場環境こそが人を育て、育った人材が組織の未来を支えます。

互いに学びあうことでその組織は「学習する組織」となります。部下と同じ土俵で議論し、部下の成長を加速させましょう。

Point

・年功序列と上意下達は「風通しの悪い職場風土」を作る要素である。
・風通しの悪い職場風土は、部下育成にマイナスとなる。
・互いに学ぶことで「学習する組織」となる。同じ土俵で議論し部下の成長を加速させよう。

44 会議で発言させる。

●会議は部下を伸ばす機会

会議は絶好の育成機会です。しかし、最近は働き方改革により、会議をそのような機会に使いにくい状況が生まれています。「会議改革」です。「少なく、短く、少人数」が求められています。無駄な会議は確かに改革すべきですが、それで育成の機会まで無くすのは問題です。

会議で具体的な役割を与えず、備えているだけでは確かに無駄です。育成効果も期待できません。会議の無駄を省きながら、人材育成の機会としても活用することが求められます。若手職員の役割を増やしてみましょう。準備や会議録作成だけにとどめず、会議中にも具体的な役割を与えて、能動的に参加させることで、育成効果が上がります。

●発言は当事者意識が高まる

会議では一言でもいいので、発言させてみましょう。発言の機会があるというだけで、当事者意識が高まり、最後まで緊張感を持って会議に関わることができます。

もちろん、会議に参加させ発言の機会を与える以上、必要な情報を事前に提供し、準備をさせます。準備自体が勉強です。そして、会議終了後には、必ずフォローとフィードバックをします。発言の中のいいところを褒めて自信を与えます。同時に振り返らせて改善点を考えさせます。ダメなことを伝える、いわゆるネガティブフィードバックは、「○○すればよくなる」と前向きな表現となるよう心がけましょう。

最近は効率を最優先するマネジメントが推奨されています。しかし、「育成を犠牲にする効率化」は「真の効率化」とは言えません。効率を少し犠牲にしてでも、若手職員を育てることが大切です。貴重な育成の機会を職場から無くしてしまってはいけません。会議での発言は部下が「飛躍」するきっかけにもなり得ます。

会議を育成の手段と考えて効果的に利用し、部下を育てましょう。

Point

・会議に出席させ、発言の機会を与えよう。
・過剰な効率化は、人材育成を犠牲にする。
・適切にフィードバックをして飛躍させよう。

45 できる先輩職員と組み合わせる。

●組織押し付けロールモデルの限界

出会いが人を成長させます。人が人に与える影響は大きく、人を育てます。ロールモデルという言葉があります。簡単に言えば「お手本となる人物」です。ロールモデルを持っていると、その人に憧れ、真似てみたくなり、成長が加速されると言われます。ロールモデルという言葉が広く認識されるようになったのは、女性活躍推進施策の影響です。組織が、先輩女性職員をロールモデルとして研修などで紹介することが多く行われています。

しかし、組織が設定したロールモデルには、限界があります。組織がキャリアについて一定の評価を与えてしまい、間接的ではあるものの、本来自由であるべき一人ひとりの職員のキャリアを縛る結果となりかねません。

多くの犠牲を払って男性中心社会を勝ち抜いてきた先輩女性職員をロールモデルとして講師

に招くと、拒否反応を示す若手女性職員も少なくありません。組織が「犠牲を払ってでも昇進せよ」と発信しているように思えてしまうからです。ロールモデルを組織が設定する意義は否定しません。しかし、こんな限界があることも理解し、押し付けないことが肝要です。

●手の届くロールモデルを選択させる

ロールモデルを押し付けるのではなく、「同時代の手の届くロールモデル」を「本人に選択させる」ことが大切です。

それには、「できる先輩職員」と仕事で組ませることです。現在進行形で苦闘する姿を見せることで若手職員は多くの事を学びます。

同じ職場にできる先輩職員がいないという場合でも打つ手はあります。アクションラーニングと呼ばれる研修技法があります。組織横断的にチームを作り、現実的な課題を与えて、1年間くらいをかけて提案をまとめさせる研修技法です。多くの先輩職員に触れ、一緒に議論し作業をする中で手の届くロールモデルを自ら選択することができます。

上司自身が直接部下を育成するだけがＯＪＴではありません。できる先輩職員と組み合わせて部下の成長を促しましょう。

Point

・人は人から受ける影響で成長する。
・組織が選定した押し付けのロールモデルには限界がある。
・できる先輩職員と組み合わせ、手の届くロールモデルを部下自ら選択できる環境を作ろう。

46 正しく部下を理解する。

●上司自ら自己開示を

部下を正しく理解するところから、部下の育成は始まります。そして、部下を正しく理解するには、職場で見せる顔だけでなく普段の顔も理解するよう努めましょう。それには、上司の方から仕事以外の話をしてみることがお薦めです。部下の意外な一面が見えてきます。上司が率先して自己開示をすれば、部下も自然と自己開示を始めます。上司が自己開示しないで、部下に自己開示を求めても本当の姿は開示されません。

上司自身が自分の理解には限界があることを自覚しておくことも必要です。人は感情の動物です。好き嫌いという感情を一切抜きに相手を客観的に理解することはできないと言っても過言ではありません。その限界を補うには、前の上司など他人の評価にも謙虚に耳を傾ける必要があります。前の上司による評価と自分の評価とが大きく異なる場合には、自分のこれまでの理解を疑ってみるくらい謙虚な姿勢が求められます。

●部下の環境を理解する

部下から根掘り葉掘り個人的な話を聞きだそうとしてはいけません。警戒心を抱かせ、場合によってはハラスメントになってしまう可能性もあります。部下が自ら話し始めるまでゆっくりと信頼関係を作ることが肝心です。

話を聞き出す以外にもやるべきことはあります。職場を巡回するなど自ら足を運び、机の上が整理されているか、同僚の間で楽しく会話がされているかなど、直接肌で感じることに努めましょう。

自分に見せる部下の顔だけで全てを判断してはいけません。部下を多様な方法で多面的に理解することから、部下の育成は始まります。

Point

・仕事以外の顔も理解するよう努める。
・自分の理解には限界があることを知り、謙虚に耳を傾ける。
・自分に見せる部下の顔だけで判断せず、部下を正しく理解しよう。

47 自分の代役をさせてみる。

●幹部への説明

有名な山本五十六の言葉があります。

「やってみせ、言って聞かせて、させてみて、誉めてやらねば人は動かじ。話し合い、耳を傾け承認し、任せてやらねば人は育たず。やっている、姿を感謝で見守って、信頼せねば人は実らず」という言葉です。

今でも部下育成の箴言として語り継がれる言葉です。冒頭の「やってみせ、言って聞かせて、させてみて」の部分は、ＯＪＴの要素が順序正しく示されています。上司の仕事を代わりに部下にやらせてみることは、この山本五十六の言葉を具現化した行動と言えます。大変効果の高い部下育成方法です。

幹部への説明は貴重な育成機会です。まず何度か部下を帯同させ、どのように幹部に説明するかを上司が手本を示します。次に、幹部に説明してもらう機会をいずれ用意する旨を伝えます。そして、準備方法やコツを教えます。一人で行かせるのではなく上司も一緒に行き、部下の説明に立ち合います。終わったら、よかった点を褒めてから改善点をフィードバックします。手柄は部下のものにして自信を与えます。

●自分は光らず、部下を光らせる

頻繁に部下を帯同させるが、一度も代役をさせない。そんな上司の対応は、せっかくの育成機会を無駄にします。「やってみせ、言って聞かせ」た後は「させてみる」必要があります。「全部を任せる」ことも時には大事です。管理職研修の参加者に、「今一番育成されているのは、皆さんではありません。上司がいない中で代わって仕事をしている皆さんの部下です。」と話すことがあります。怪我で欠場した選手に代わって出場した選手が急速に成長し、レギュラーの座を射止めるケースは珍しくありません。

一度任せた以上は、引き取らない覚悟を持ちましょう。部下の前で上手く仕事をさばき、「悦に入る」上司になってはいけません。自分は光らず、部下を光らせましょう。

「能ある鷹は爪を隠す」という言葉があります。部下の前で上司は、「爪を隠す能ある鷹」でありたいものです。

Point

- 自分の代役をさせることは、部下に成長の機会を与え、飛躍のきっかけを作る。
- 「やってみせる」に終わらず、「やらせて」みよう。
- 部下の前で上司は、「爪を隠す能ある鷹」を目指そう。

48 アドバイスは丁寧にする。

●できる上司は注意が必要

もしあなたが有能なプレイヤーだとすれば、部下を育てるのに注意が必要です。それは、アドバイスが不十分になる傾向があるからです。元々自分ができてしまう人や「一を聞けば十を知る」ことができる人は、できない人や「十を聞いて初めて十を知る」人のことを正しく理解できないことがあります。

人は自分基準で他人を理解してしまいます。「これだけ言えばわかって当然」と思い、説明が不十分となる上司は、「できる上司」に多いと言えます。

部下を育てる上司となるためには、部下の立場に立ち、自分基準ではなく相手基準で発想することを習慣化する必要があります。

●正解までは教えない

人にはそれぞれ能力の差があります。また、能力は変化します。育成を図ろうとしている部下の「今の能力」を客観的に正しく理解し、それに応じたアドバイスをする必要があります。常に過不足が生じます。足りないより多すぎる方がましです。

「丁寧にする」くらいの気持ちがないと、アドバイスは不十分になりがちです。ただし、「丁寧にする」ことは、正解まで教えることを意味しません。正解を教えると部下を受け身にさせ、能動的学習を妨げて育成効果を下げます。

「丁寧にする」とは、部下一人ひとりにあったアドバイスを十分な時間とエネルギーを割いて行うことを意味します。一律の対応をしないということです。

「手抜き」せず、一人ひとりの部下に必要十分なアドバイスをするよう努めましょう。

Point

・人は自分基準で他人を理解してしまうので、できる上司は特に注意が必要である。
・部下の立場から発想することを習慣化していこう。
・手抜きを戒め、丁寧にアドバイスすることに努めよう。

49 自分の人的ネットワークに入れる。

●ネットワークが広がると、成長が加速する

部下の視野を広げ飛躍を図るには、上司が持つ人的ネットワークに部下も参加させることが有効です。人的ネットワークが広がると多くの人々から刺激を受け、自己認識が深まり、成長が加速します。これからの行政は、公務員だけで完結しません。外に開かれたネットワークを持つことが職員には求められます。

部下に見せる自分の顔と自分の人的ネットワークで見せる顔が違うため、部下を入れることに躊躇を覚える上司がいるかもしれません。しかしそうであれば、日頃の部下への対応を見直す必要があります。

人は相手によって態度を変える人を信用しません。部下から信頼される上司になりたいのであれば、「上司らしい上司」を演じるのではなく、「等身大の自分を見せられる上司」を目指す

べきです。誰に対しても態度を変えないことを自分の行動規範とし、部下に対する顔とそれ以外の人に対する顔を使い分けないことが大事です。

●上司の全ての顔を見せる

この姿勢は、上司自身の自制にも繋がります。民間企業の中には、パワハラ防止の効果も視野に、社員旅行や運動会を復活させて家族も招待しているところがあります。上司も部下も「素の自分」を見せることで、自然な人間関係が作られ、部下を手段とみなさない人間味のある「血の通った上司」となるという発想です。しかし近年公務組織では、無駄と見なされ、また、若い世代には受け入れられないとして、廃止されてきました。しかし、民間企業の一部では家族ぐるみのイベントを復活させています。

職場で見せる顔だけしか知らない関係は歪です。

上司がいない職員は組織の中でトップただ一人です。全ての上司が部下に自分の人的ネットワークを提供し仲間とすれば、人的ネットワークは広がりをみせます。

部下に惜しみなく自分の人的ネットワークを紹介し、仲間とし、大きく育てましょう。

Point

・人的ネットワークは人を育てる。
・「等身大の自分を見せられる上司」になろう。
・部下を自分の人的ネットワークをに入れ、大きく育てよう。

50 研修受講後は講師をさせる。

●研修受講に具体的な目標が加わる

部下を研修に参加させる際、上司の動機付けが育成効果を高めます。上司が研修を軽視し、「体を休めてこい」などと逆のことを言うと、せっかくの研修が台無しになります。参加意欲を無くすような言葉で送り出してはなりません。研修担当者と上司は、二人三脚で部下の育成を図るパートナーです。

研修担当者も、動機付けに必要な情報を上司に提供し積極的に連携を図る必要があります。動機付けの具体的方法としてお薦めなのが、「還元研修」の実施です。研修受講者が研修受講後に他の職員に対して研修の内容を講師という立場で行う研修です。長い時間は必要ありません。研修受講後にその役割が待っているというだけで研修受講に具体的な目標が加わり、緊張感を持って参加することができます。

●上司も研修の責任者

「研修講師自身が一番育成される」と言われます。他人にわかりやすく何かを説明するには、誰よりも理解し、本番の何倍もの時間を使って準備が必要となります。還元研修の持ち時間がたとえ30分だとしても、本人の能動的学習は数時間に及ぶことになります。

一方的な報告ではなく、質疑応答の時間も用意しましょう。報告は伝聞であり、自分のものにしなくてもできます。それでは、能動的学習とはなりません。

事実、受講後に部内講師を務めることを前提とした「指導者養成コース」研修の方が、効果が高いと言われています。

最近の研修は事前学習と事後学習がより大切になっています。上司には、研修前後にも配慮が求められます。

上司も研修の責任の一端を担っていることを自覚し、研修を積極的に活用しましょう。

Point

- 研修受講に際して動機付けすることも上司の役割である。
- 研修受講後タイムリーに講師という立場で他の職員に研修を行わせる。
- 研修の責任の一端を担っているという意識を持ち、研修を積極的に活用しよう。

COLUMN グループシンク（集団浅慮）の怖さ

「一人ひとりは賢くても、集団になると馬鹿になる」。グループシンク（集団浅慮）と呼ばれる現象をわかりやすく言うとこうなります。集団としての意思決定の質が、その集団を構成する個人の質とは関係なく、特定の条件下では低くなるという現象です。条件の一つは、自分達は賢いと自認しているいわゆるエリート集団であることです。同質性が高く、同調圧力が高まると、その集団ではコンセンサスが最優先され、少数意見が排除され議論を封じてしまう風通しの悪い職場風土が生まれてしまいます。

残念ながら、多くの公務組織に当てはまります。公務組織は、同質性が高くなる条件が揃っています。同じ基準で採用が決まる公務員試験の存在、外部流動性が低く人の出入りが少ないなど多様性が少ない集団です。グループシンクと呼ばれる現象を理解し、それを生じさせないようなマネジメントを意識的に行う必要があります。

「職員一人ひとりの資質」と「集団としての資質」との間に、時に反比例の関係が発生するということは、職員一人ひとりを開発する「人材開発」だけでは組織を強くできないことを意味します。

集団を開発する「組織開発」も同時並行で行う必要があるのです。

組織的不祥事を起こした組織において、再発防止策として研修が実施されます。講話を聴き、座学で職員一人ひとりの意識を変える「人材開発」として行われるのが一般的です。しかし、それだけでは組織的不祥事は防げません。組織的不祥事は、集団が起こした不祥事だからです。研修においても演習を中心に相互学習を行い、集団を変える「組織開発」を行う必要があります。

研修は一般的に個人の意識や能力を変えることを目的とした人材開発の手段と理解されています。しかし、研修は組織開発の有効な手段でもあります。個人を変えることは、OJTや自己啓発でも可能です。しかし、OJTや自己啓発では集団を変えることは不可能です。集団を変えるには研修が極めて有効な手段なのです。

せっかく一堂に会したのに、全員が前を向いて学ぶ「座学」は、この研修のメリットを生かさず、もったいない使い方と言えます。研修でグループワークをする意味は、参加者を寝かせないためでも、参加者の満足度を上げるためでもありません。参加者が能動的に学習を行い、人材開発としての効果を上げながら、人と人の関係性を変え、職場風土を改革する組織開発の効果も上げるためです。

知っておきたい
ミニ知識

目標管理は仕事を増やす？

人事評価制度の業績評価に使われるのが、目標管理です。本編にも書いた通り、目標管理の元の言葉であるMBOのBは「By」であり、本来の意味は目標「だけで」管理することです。しかし、目標管理を、目標「を」管理すると理解すると、管理を強化してしまいます。

目標管理が仕事を増やしているケースもあります。公務の仕事の一部には本質的に、成果を短期間に数値化して評価することに馴染まないものがあります。「民間も間接部門は同じ」という反論があります。しかし、民間は収益という短期間に数値化できる指標があります。人事部門も収益への貢献度で評価可能です。「業務には常に改革が必要」という反論もあります。しかし、改革は恒常的に行うものではありません。太っている人はダイエットをしていない人ではなく、ダイエットをしている人という逆説もあります。

無理に業務の改革を目標に据えると仕事を増やし、「働き方改革」に逆行する結果を招きかねません。

第3章

モチベーションを引き出す20の手法

1 高いことを強要しない。

●モチベーションのコントロールは困難

モチベーションとは不思議なものです。自分でさえ自分のモチベーションを思い通りにコントロールすることはできません。ましてや他人がコントロールすることは不可能です。「そんなことはない。人の心を刺激し、モチベーションを上げることは可能ではないか。」そんな風に思われるかもしれません。しかし、そのようにして上がったモチベーションは長続きしなかったり、時には見せかけているだけだったりします。他人から強要されたモチベーションは本人の心を痛める危険性もあります。

それでもトップのスポーツ選手の育成や、危険と隣合わせの職種での訓練には必要かもしれません。しかし、公務員の多くにはメリットよりもデメリットの方が大きいと言えます。なぜなら、継続的、安定的なモチベーションを引き出すことの方が大事であり、もしも心を痛めメンタルダウンになれば取り返しのつかない状況になります。一般的な職場においては、「気合や根性」を正面から求めるスパルタ教育は、危険であり、また、効果が薄いと言わざるを得ません。

●「上げる」ではなく「引き出す」

上司が部下に対してやるべきことは、部下のモチベーションを「上げる」ことではなく、「引き出す」ことです。モチベーションは部下の中に内在しているものであり、それを引き出す環境を整備するのが上司の役目です。モチベーションが高く維持された状態で仕事をすることは職員にとってもプラスです。しかし、組織が職員のモチベーションを無理やり上げようとすることは「モチベーションの搾取」です。モチベーションマネジメントにより、職員が犠牲になるのでは本末転倒です。そのような状況は長い目でみれば組織にもマイナスです。

「ワーカホリック（仕事中毒）」という言葉があります。長時間労働は職員のモチベーションを下げます。しかし、極端に長時間労働を続けるとマラソンランナーの「ランナーズハイ」と呼ばれる感覚のように、逆にモチベーションが上がる症状が発生します。

モチベーションをマネジメントする意味は、上げることだけではありません。職員が気持ちよく長期間に渡り元気に仕事ができる環境作りです。上司が短期的な成果を上げるために部下の心をコントロールするものではありません。部下をワーカホリックにしないことも上司の務めです。部下が長時間労働に耐えてモチベーション高く仕事をしていても、それが過剰なレベルに達した場合は、たとえ本人が苦痛を訴えなくともブレーキをかける役割が上司にはあります。

モチベーションは時に高すぎても害を及ぼす可能性があります。部下の心の健康を一番に考え、モチベーションが高いことを強要しないようにしましょう。

Point

- モチベーションは強要しても上がらない。
- 上司がモチベーションを無理やり上げようとすると、部下の心を痛めてしまう。
- モチベーションが高いことを強要するのではなく、引き出せる環境を整えるのが上司の役割と心得よう。

2 意義を感じさせる。

●意義があると思うとモチベーションが高くなる

自分のやっていることに意義があると思うと、モチベーションが高くなります。全ての仕事に意義があると言いたいところですが、現実はそうではありません。明らかに無駄と思える仕事やすでに社会的意義を失ったにもかかわらず、前例踏襲で続けている仕事があります。目的は既に失われ、手段が自己目的化してしまっている仕事もあります。そんな仕事を担当する部下に、「仕事の意義を発見して頑張れ」と叱咤激励しても無理があります。

公務員にとって意義を感じる仕事とは、その仕事がどこかで住民の幸せと繋がっていると思える仕事です。部下がそのように思えるようにするには、必要性が乏しくなった仕事を整理して時間とエネルギーを意義のある仕事に集中投資できるよう仕事をマネジメントすることが必要となります。

●考え方次第で仕事に意義を見出せる

しかしそれでも意義を感じやすい仕事は限られます。公務には地味で忍耐が求められる仕事が多く含まれるのは客観的事実です。しかし、仕事自体は変えられなくとも、仕事の与え方次第で部下に仕事の意義を感じさせることは可能です。

三人のレンガ職人の話があります。（わかりやすいように有名な逸話にアレンジを加えています。）

「何をしているか」と尋ねると

一人目の職人は、「生活のためにレンガを積んでいる」

二人目の職人は、「教会を作っている」

三人目の職人は、「村の人の幸せを願い教会を作っている」

と答えたという話です。

一人目の職人は仕事を「手段」と考え、レンガを積むという「自分の行動」しか考えていません。二人目の職人は、仕事の全体像を捉え、「業績」を理解しています。そして三人目の職人は仕事の「意義」を理解しています。

この三人は同じ仕事をしています。しかし、一人目より二人目、二人目より三人目の職人の方が高いモチベーションで働いているという話です。

この話は公務員にとって深い示唆を与えてくれます。公務員の仕事の全体像は、住民の幸せと繋がった社会的意義のある仕事です。しかし、それを分業により行うことで、仕事全体の意義が見えなくなってしまうのです。意義を理解するには、全体像を知る必要があります。それを手助けすることが上司の役割です。仕事全体の意義がわかりやすい立場の上司に比べ、部下は仕事の一部を任され、仕事全体の意義がわかりにくい立場に置かれています。

上司が目的や全体像について説明し、部下の理解を助けることが大切です。

「意義のある仕事を与える」ため、上司には二種類の「変える」が求められます。それは、「仕事の中身」と、「部下の意識」です。

Point

- 仕事を見直し、仕事の中身を意義のあるものに変える。
- 同じ仕事でも全体の意義、目的を理解できればモチベーションが引き出される。
- 意義が感じられるように仕事の全体像を部下に説明しよう。

3 さまざまな報酬を与える。

●報酬は金銭だけではない

報酬という言葉でイメージするのは給与です。しかし、仕事に対する報酬は、決して金銭的報酬に限りません。住民からの感謝の言葉は、公務員にとって金銭的報酬以上に嬉しく、他には代えがたい報酬と言えます。報酬を、金銭的報酬に限らず多様なものと理解し、部下に惜しみなく与える上司こそが、部下のモチベーションを引き出せます。

住民からの感謝だけでなく、上司や同僚からの感謝も報酬です。職員が互いに感謝しあうような職場環境を作り出すことができれば、モチベーションが引き出せ成果が上がり、それに対してさらに感謝されるという好循環が生まれます。

●成果を出す組織は「安心、安全な職場」

例えば、総務係の職員に対し、「自分の仕事をサポートしてくれている」と感謝の気持ちを持つか、それとも、「厳しいチェックを行い、自分の仕事を邪魔している」と批判の気持ちを持つかで職場環境は大きく違ってきます。この場合、課長が総務係が行っている仕事や置かれている状況を他の職員にも周知し、一体感を醸成しておくことで感謝の気持ちを持つことができます。

最近は、公務組織でも仕事の評価を金銭的報酬に反映させ職員間の競争を煽るマネジメントが主流となりつつあります。しかし、成果を出す組織は「安心、安全な職場」であることが証明されています。公務組織の場合、金銭的報酬の総額は職員個人の頑張りでは変動しません。仕事の評価を金銭的報酬に連動させると民間企業以上に競争を煽ってしまうことになります。その副作用を最小化するためにも、上司は報酬の概念を広く理解し、部下にさまざまな報酬を用意しましょう。表彰、研修機会の提供、組織外活動への支援、休暇の奨励などさまざまな「報酬」があります。

報酬の概念を「非金銭的報酬」まで広げ、惜しみなく部下に与えましょう。

Point

- 金銭的報酬だけが報酬ではない。
- 感謝も報酬であり、互いが感謝しあう職場環境を作ろう。
- 表彰、研修機会の提供、組織外活動への支援など「非金銭的報酬」を惜しみなく与えよう。

4 達成感を感じさせる。

●達成感はモチベーションを引き出す

「人は達成感を感じたいために何かをする」と言われます。そう断言してもいいほど、達成感はモチベーションを引き出す一番重要な要素と言えます。

面白い実験があります。無作為に分けた二つのグループにそれぞれレゴを使って人形を作ってもらう実験です。一体作るごとにお金を支払うのですが、その金額は段々と減額されます。二つのグループに同じルールが適用されます。しかし、片方のグループには一体分のレゴしか用意せず、一体完成すると目の前でそれを解体し同じレゴで二体目、三体目を作る。もう片方のグループは、沢山のレゴを用意し、完成した人形を目の前に飾り二体目、三体目の人形は新しいレゴで作るという方法です。違いはこれだけです。それで何体まで作り続けるかといった実験です。

実験の結果は、目の前で完成した人形が壊されるグループは早々に止める一方、飾ってもらえるグループは貰える金額がかなり少なくなってもやり続けたというもので、大きな差が発生しました。

作業と報酬は同じでも、成果が残るか否かだけでモチベーションに差が出たという結果です。達成感という要素がモチベーションを大きく左右する証として引用される実験です。

●目標を放置しない

これを組織の中に当てはめると、上司が部下の仕事をいきなり全否定し、部下を振り出しに戻すと部下のモチベーションが低下してしまうことになります。部下の目の前で上司が人形を壊すように振舞うか、それとも作った人形を飾るように振舞うかで部下のモチベーションが大きく変化することを意味します。

達成感を感じさせる上で一番大事なのは目標の設定の仕方です。目標は、「頑張ればやれる困難なレベル」に設定することが達成感を感じさせ、部下のモチベーションを引き出す条件となります。目標のレベルを調整するために、常に部下の能力を正しく把握しておくことが求められます。部下の能力は成長とともに変化します。部下の能力が伸びると、以前設定した目標は「頑張らなくともやれる困難でないレベル」となってしまいます。目標を放置しておくと、逆に目標がモチベーションを下げてしまいます。目標のレベル調整は上司の大きな役割です。

また、達成感を感じさせるためには、達成した瞬間にその感覚を十分かみしめる「余裕」を与えることも重要です。目標を達成した時、すぐに次の目標を与えると部下は達成感を感じられません。プロ野球に例えると、優勝した瞬間ビールかけもさせず、すぐに練習をさせたのでは、優勝を目指し頑張る気持ちは失せます。課題を達成した節目では少し休ませ、達成感をゆっくり感じさせることが重要です。

達成感を感じさせることで部下のモチベーションを引き出しましょう。

Point

・達成感はモチベーションを引き出す重要な要素である。
・達成感を感じさせるには「頑張れば達成できる」レベルに目標を設定し、成長に合わせ調整する。
・目標達成時には少し休ませ、達成感を感じさせよう。

5 行動を具体的に褒める。

●「漠然と褒める」「いつも褒める」は厳禁

部下のモチベーションを引き出し、行動に繋げるには、褒める時も「行動を具体的に褒める」ことが必要です。とにかく褒めさえすれば部下のモチベーションは引き出せるというのは間違いです。部下からすれば褒められた理由が不明で、納得できないような褒め方をされると、悪い気はしなくとも行動に反映しようがなく、モチベーションには繋がりません。

「褒め殺し」という言葉があるように、褒めるという行為だけでは部下を成長させません。むしろプレッシャーに感じることもあります。また、褒められることが常態化すると褒められなくなるのを恐れ、新しい挑戦を避ける部下を作りかねません。褒めることはとても重要なことですが、「漠然と褒める」、「いつも褒める」のは厳禁です。

そのような褒め方には次の二つの問題があります。一つは、「上司が自分をコントロールしようとしている」と感じてしまうことです。褒める行為が、自分をコントロールするための手段であると理解すれば、部下は自分を「上司の道具」と理解してしまいます。もう一つの問題は、上司の気分次第でいつ褒められなくなるかもしれないと思い、上司の気分をいつも気にする部下にしてしまう可能性があることです。

具体的に褒めることで、この二つの問題の発生を避けることができます。具体的に褒めることで自分に関心を持って見守ってくれていると理解します。

●褒めるのは「能力」？「行動」？

能力と行動のどちらを褒めるべきでしょうか。能力を褒めると自己肯定感が増しモチベーションが引き出せるという側面がある一方、逆に部下によっては能力を過信して行動に繋がりにくいとも言われています。能力を褒めることでモチベーションを引き出せることは確かですが、部下の行動を変容させるには行動を褒める方に軍配が上がると言えます。二者択一で考えず、能力と行動の両方を褒めるべきと考えます。

結果と過程のどちらを褒めるべきでしょうか。これも二者択一では答えにくい質問です。結果だけで人を評価し褒めると、部下の納得が得られない場合があります。環境の変化などの他律的要因によって結果が出ないことがあるからです。部下がどんなに頑張っても成果が出なかった場合、全く褒められないとすればモチベーションは下がってしまうでしょう。その場合、過程について褒める必要があります。

部下を「正しく」褒める上司を目指しましょう。

Point

・部下が納得できるよう、行動を具体的に褒める。
・「漠然と褒める」、「いつも褒める」は、部下を不安にさせる。
・「能力だけでなく行動」も、「結果だけでなく過程」も褒めてモチベーションを引き出そう。

6 裁量を与える。

●厳しい監視は逆効果

部下に細かな指示を与え、裁量を与えないマネジメントスタイルは、「マイクロマネジメント」と呼ばれ、部下のモチベーションを下げるダメなマネジメントスタイルの典型です。多くの人は、誰かに監視され行動が制限されるような状況下では、モチベーションを上げて頑張ることができません。厳しく監視するのは、部下を怠けさせず頑張らせるためには必要ではないかと思われるかもしれません。しかし、それは「監視されている時だけ頑張る」、「監視されている時だけ頑張ったように見せかける」ことになってしまいます。

このような「見せかけの頑張り」にもかかわらず、上司の中には厳しい監視によって部下のモチベーションが引き出せたと勘違いし、厳しく監視することをマネジメントと理解してしまう人がいます。すると部下は、仕事自体に面白さを感じられず、ますます見せかけに走らざるを得なくなります。

●原因の多くは上司の側に

「部下に裁量を与えることは理想だけれど、残念ながらうちの部下は例外で、指示をしなければ動かない。」という声もあります。しかし自分の部下だけがいつも例外ということはありません。原因の多くは上司の側にあります。指示しなければ何もしないからと言って細かな指示を出し続けるとますます「指示待ちの部下」を作ります。部下を指示待ちにしないためには、まず上司が細かく指示することを抑えて部下に裁量を与えるべきです。

それでも「それでは仕事が回らない」との声があがります。細かく指示をしないことは何もしないことではありません。細かな指示に代えて、部下に必要な情報を提供しましょう。必要な情報を部下に与えながら裁量も与える。このことで部下には創意工夫の余地が生まれ、当事者意識と責任感が芽生えます。仕事を任せた後も、上司の役割は重要です。細かく「介入」するのではなく、「支援」に徹し、仕事の進捗状況を見守ります。「見張る」のではなく「見守る」ことが大切です。

「そんなマネジメントは大変な手間がかかる。細かく指示した方が早い」と思われるかもしれません。しかし、「マイクロマネジメント」はずっと指示し続ける必要があります。これに対し、「任せるマネジメント」は、最初は手間がかかるものの、部下は指示しなくとも能動的に仕事をするようになるため、上司自身も楽になります。マイクロマネジメントは、緊急時などに限定し、日頃はできるだけ部下に任せる姿勢が大事です。

究極に理想的なマネジメントとは、部下が「マネジメントをされていると感じない」マネジメントです。「細かく指示を出して成果を出す上司」は、マネジメントをしている気持ちでいるかもしれませんが、それは本当のマネジメントとは言えません。「細かく指示せず、部下に裁量を与え伸び伸びと仕事をさせている上司」が正しいマネジメントをしていると言えます。

部下のモチベーションを引き出すよう、「部下に仕事を任せる上司」を目指しましょう。

Point

・マイクロマネジメントは部下から仕事の楽しみを奪い、モチベーションを下げる。
・厳しい監視で得られた頑張りは、「見せかけ」に過ぎない。
・「マネジメントされていると感じさせないマネジメント」で、部下のモチベーションを引き出そう。

7 承認する。

●承認欲求は満たされなくても、満たされ過ぎても問題

人は誰も「自分を認めてもらいたい」という欲求を持っています。いわゆる「承認欲求」を満たすことがモチベーションを引き出すことに繋がります。承認欲求が全く満たされない場合、部下のモチベーションは下がります。所属する組織や上司に敵意を持ち問題行動に走る原因となる場合さえあります。親子関係で考えるとよく理解できます。子供は親から承認されたい、振り向いてもらいたいなどの欲求を満たすため、問題行動を起こす場合があります。

我が国組織論の第一人者の同志社大学、太田肇教授は「承認欲求の呪縛」を指摘されています。強すぎる承認欲求がパワハラ等の問題行動にも繋がっていること。そして、過去に大きな成功を収め世間から高く評価された人が承認され続けないと不安になるという自縄自縛の状況に陥る場合があることを指摘されています。深く正しい人間理解に基づき、承認欲求の取扱い

がいかに複雑で困難なことかを見事に指摘されています。

つまり、承認欲求は満たされなくても、満たされ過ぎても問題と言えます。承認欲求を適度に満たすことが求められます。

●承認されないことは大きなストレス

「ありのまま」を認めることが重要です。承認は評価ではなく、無条件な行動です。「ありのまま」が認められれば、プレッシャーになることもありません。認められるために無理をする必要がないからです。「役に立ったから認める」のではなく、「無条件の承認」を心がけましょう。

常に評価の目線でしか部下を見ない上司は、部下を不安にさせます。評価されなくなったら見放されるといった不安が芽生え、認めてもらおうと思う気持ちが強くなり、承認欲求に囚われてしまいます。

具体的行動として推奨されるのが、「上司から部下への挨拶」です。挨拶に条件はありません。評価の要素もありません。上司の方から部下に挨拶をする。そんなシンプルな行動が「存在を認めてくれている」という安心感を部下に抱かせ、モチベーションを引き出します。

「最も心地よく聞こえるのは、他人の口から発せられる自分の名前」と言われるように、部下の名前を呼んで挨拶するのがお薦めです。

Point

- 承認欲求は、適度に満たすことが大事である。
- 承認は、ありのままを認めることであり、無条件でなければならない。
- 時には上司から先に、名前を呼んで挨拶をして、承認していることを示そう。

8 他の部下と比較しない。

●ライバル心は逆効果

フィードバックのやり方を間違うとモチベーションを下げてしまいます。上司が決してやってはいけないこと。それは、他の部下との比較です。ライバル心に火をつければモチベーションを引き出せると思われるかもしれませんが、ほとんどの場合、逆効果となります。なぜなら、公平感が失われるからです。モチベーションを引き出すには部下を公平に扱うことが大事です。評価がモチベーションを引き出すという考え方には、「公平さ」がモチベーションを引き出すという前提があります。他の部下と比較して評価を行うと、この「公平さ」を失う危険があるのです。

●「過去の自分」と競争させる

「厳しい事実を知らせてやるのが親心」と思うかもしれません。しかし、そもそも人は人を完全に正しく評価することはできません。厳しい評価を受けた部下がその評価を全て正しい評価として受け止める方が少ないとさえ言えます。現実には、神でもない限り評価には限界があります。しかし、「正しい評価」は無理でも「納得がいく評価」は可能です。納得を得るためには、他の部下との比較の代わりに「本人の過去と現在」を比較しましょう。

具体的には、前期に比べて今期はどうであったかを評価の中心に据え、組織が求める絶対的な評価基準に当てはめた場合にどう評価できるかをフィードバックするのです。

仮に他の部下よりいい評価であったとしても、比べてはなりません。そのような評価の仕方は、納得性を下げ、さらに同僚との競争を煽り、職場風土を悪くしてしまう可能性さえあります。

部下の健全なモチベーションを引き出し、よい職場風土を作りましょう。

Point

- 部下を評価する時、他の部下との比較で評価してはならない。
- 他の部下との比較による評価は、評価の大前提である「公平さ」を失い、納得性を下げる。
- 競争は「過去の自分」とさせ、健全なモチベーションを引き出し、よい職場風土を作ろう。

9 公平らしさを確保する。

●部下全員が公平に扱われたと思うよう行動する

部下全員のモチベーションを引き出すには、部下を公平に扱うことが重要です。ほとんどの上司はそのことを理解し、不公平に扱っている人はまずいません。しかし、部下の多くはそうは思っていません。会話の数や話し方などから自分と他の部下との扱いの違いには敏感となり、公平に扱われていないのではないかと疑心暗鬼になることもあります。

上司は、公平に扱われたと部下全員が思うように行動することが求められます。つまり、「公平さ」だけでなく「公平らしさ」まで求められると理解すべきです。それには、上司は自分の行動を常に客観的に見る視線を持ち、振り返ってみることが大事になります。そして、日頃から公平らしさを感じられるよう、自ら意識的に行動する必要があります。

これは、上司は時に孤独に耐える必要があることを意味します。気の合う部下とだけ一緒にランチに出かけるというような行為は、公平らしさを損ねます。組織内で与えられた上司という仕事を全うするには、自分の私的な感情を抑えることも求められます。また、接触頻度が多ければ多いほど接触した人に好感を持つという本能を人は皆持っています。日頃の接触が多い部下に対して、他の部下よりも好感を持ちやすいと言えます。そして好感を持つとますます接触機会を多くしてしまい、さらに公平らしさが損なわれる結果となります。

●部下全員の面談

公平らしさを確保する手段としてお薦めなのは、部下全員に対して面談を行うことです。面談と言えば人事評価の面談だけをイメージされるかもしれません。しかし、公平らしさを確保する手段としての面談は、人事評価の面談とは別に行うものです。定期的に短時間、評価対象となっていない部下に対しても行う面談です。そして、面談の時間はひたすら部下の話を聞くよう努めます。「部下のための面談」がルールです。

人事評価制度を導入してよかったことは何かという問いに、多くの人は「面談の実施によって部下とのコミュニケーションの機会が増えた」と答えます。しかし、人事評価制度の有無にかかわらず、面談はやろうと思えばいつでもできます。

評価と切り離して行う「部下のための面談」をお薦めします。公平らしさを確保し、一部ではなく、全員のモチベーションを引き出しましょう。

Point

・上司には「公平さ」だけでなく「公平らしさ」まで求められる。
・上司は時に孤独に耐えることも必要である。
・面談はいつでも可能であり、部下のための面談を全員に行い「公平らしさ」を確保しよう。

10 機嫌よく接する。

●上司は上司という立場にあるだけで、怖い存在

「部下のモチベーションを引き出すことと、自分の機嫌がいいことに何の関係があるのか？」と疑問に思われるかもしれません。しかし、大いに関係があります。部下からすれば、上司は上司という立場にあるだけで怖い存在です。特に最近は、処遇と連動した人事評価制度が導入され、上司は自分を評価する存在と強く意識されてきています。

上司は部下を厳しく評価し差をつけた方が部下のモチベーションが引き出せると思われるかもしれません。しかし、人に評価されるために頑張ろうとして引き出されるモチベーションは、仕事そのものを楽しく感じて引き出されるモチベーションにはかないません。仕事を評価されるための手段と感じ始め、仕事そのものの面白みを奪います。

●評価は必要

一方、評価は必要です。評価されないとモチベーションは下がります。モチベーションを引き出すために評価は必要ですが、仕事を「評価されるための手段」と理解させないことが重要です。部下に評価されている意識を過剰に持たせず、不安を取り除くことが肝要です。その不安を取り除くためにも、機嫌よく上司から接することを日頃から心がけましょう。機嫌の悪い上司がいると部下は安心して仕事に没頭できません。

上司の情緒が安定していると職場を安心安全な環境にできます。上司が自分の情緒を安定させ、常に機嫌よく部下に接するのは「義務」とさえ言えます。

機嫌よく接するのは、「部下に好かれるため」ではありません。自分のためではなく部下のためです。上司には、部下のモチベーションを引き出すため、自分の感情をコントロールする義務があります。

Point

- 部下からみれば上司は評価権限を持つ怖い存在である。
- 評価を強く意識させて、上司の顔色を窺う部下にしてはならない。
- 機嫌よく部下に接し、部下のモチベーションを引き出そう。

11 能力が活かせる仕事を与える。

●スペシャリストとして育成する

苦手な仕事をさせて育成を図る。確かに人材育成方法として一理ある考え方です。しかし、そのせいで仕事全般へのモチベーションを下げてしまったのでは、育成もできない可能性があります。仕事を通じて自分の能力の高さを感じることができると、自己有能感が高まり、モチベーションも高くなります。

最初好きとは思わなかったことでも、やってみたら思いのほかできてしまった。それがきっかけで好きになりやりたくなり、ますます上手くなった。多くの人がそんな経験をしているはずです。「自己有能感を感じたい」というのは人間共通の本能と言えます。

そもそも、高い専門性が求められる職種では、人材育成の方向性はスペシャリスト養成であるべきかそれともジェネラリスト養成であるべきかという二者択一の問は存在しません。医師、教員、弁護士等資格や免許が必要な職種は全員がスペシャリストです。一流になるには、専門特化するしかないからです。

●適材適所を実践する

スペシャリストとして育成することは、高い職業倫理感を持つことにも繋がります。一流の職人は高いプライドを持ち、決して仕事に手を抜かない気概を持っています。公務員には高い職業倫理が求められます。高い職業倫理を持たせるには、強制するだけでなく、専門性を高め自己有能感を感じさせて「正しい意味のプライド」を持たせる必要があります。

これまで日本独特の雇用慣行の中、スペシャリストとして育てることは不可能と切り捨てられてきた議論です。しかし、今や組織が職員を便利に使い続けることは許されない時代です。優秀な職員は自律的なキャリア形成に芽生え、組織から去って行きます。

組織全体の人材育成方針がジェネラリスト養成であっても、上司にできることがあります。「便利に使われている。」と部下が感じたら、モチベーションは下がってしまいます。一人ひとりの能力を活かせるように仕事を割り振ることが大切です。限界はありますが、自分が行使できる範囲で「適材適所」を実践しましょう。

Point

- ・モチベーションを引き出すには、部下に「自己有能感」を感じさせる必要がある。
- ・「便利に使われている」と部下に思われてはならない。
- ・一人ひとりの能力を活かす「適材適所」を実践しよう。

12 創意工夫を褒める。

●ミスをしないことを過剰に優先しない

モチベーションを引き出すには、「仕事を通じて自己実現している」実感を持たせる必要があります。部下の創意工夫を褒めましょう。仕事に付加価値を付けることを求めましょう。前例踏襲は不問に付され、何か創意工夫をしようとすると上司から厳しく詰問される。そんな状況で部下は決まったことだけをやればいいと考え、自己実現を職場以外に求め始めます。

公務員という職業は、「絶対に間違いを犯してはならない」という価値が最優先される傾向にあります。それが過剰に意識されると、本来改革すべき仕事も前例踏襲で済ませ、新たな挑戦に消極的になったり、結局、住民の期待にも応えられなくなります。

ミスをしないことと挑戦することの両方が求められるのは民間企業も同じです。しかし、民間企業の場合は、新商品を開発しなければいずれ市場から退場を命じられます。市場原理が働き、挑戦しないことは倒産を意味します。これに対し、公務組織には倒産がありません。ミスをしないことが過剰に優先され、「ミスはしないけど挑戦もしない」危険性が高まります。

●部下の創意工夫を評価する

公務組織では、部下の創意工夫が上司に評価されにくい構造があります。

だからこそ、上司には常に意識的に、部下の創意工夫を積極的に評価する姿勢が求められます。部下から新たな提案があった時には、提案内容を評価する前に、まず提案したこと自体を褒めましょう。そして、重箱の隅をつつくようないわゆる「詰める」ことを反射的にするのではなく、提案理由を聞き、受け止め、共感し、できるだけ部下の思いを実現するよう一緒に知恵を絞りましょう。

仕事を通じて自分の思いが実現できる成功体験を持った部下は、高いモチベーションで次の仕事に挑戦していきます。

Point

- 「仕事を通じた自己実現」が部下のモチベーションを引き出す。
- 公務組織には市場原理が働かず、「ミスをしないが挑戦もしない」状況に陥りやすい。
- 「詰める」ことを自制し、まず部下の「創意工夫の姿勢」を褒めよう。

13 最初から最後までやらせる。

●「意義を感じやすい仕事」「意義を感じにくい仕事」

「最初から最後までやらせる」とモチベーションが引き出せます。そのことにより、仕事の全体像がわかり、仕事の意義が理解し易くなります。

全ての仕事には意義があることは間違いありません。しかし、「意義を感じやすい仕事」と「意義を感じにくい仕事」があるのは事実です。意義の感じやすい仕事は希少です。その希少な仕事をできるだけ多くの部下に分配するコツは、「意義を感じやすい仕事」と「意義を感じにくい仕事」を切り離さず、セットで与えることです。分けてしまうと意義が感じられない単純作業も、最初から最後まで任せられると、単純作業にも意義を見出すことができます。

また、そうすると自然と創意工夫する余地が生まれます。裁量の大きさもモチベーションを引き出す大きな要素となります。

●分業は当事者意識を低くする

最初から最後までやらせる方法の一つに「マルチタスク化」があります。あるホテルでは一人の従業員が自分が担当する客に対して全てのサービスを行うようにしたところがあります。そのために従業員の仕事の範囲は広がり、やるべき仕事の種類は増えます。しかし、仕事の総量は分業した場合と同じ。それが「マルチタスク化」です。分業は、仕事全体に対する当事者意識を低くさせてしまう欠点を持っています。分業せずに一人でやる方が、仕事全体の当事者意識を高めモチベーションを引き出し、結果として提供するサービスも向上するケースがあるのです。

最初から最後までやらせて、仕事の全体像を理解させ、裁量も与える。このような仕事の与え方によって、仕事は「自分の仕事」となり愛着も生まれます。

上司は、部下一人ひとりの名前が刻まれるように仕事をさせ、モチベーションを引き出しましょう。

Point

- 最初から最後までさせると、仕事の全体像がわかり意義が理解しやすくなる。
- 分業の欠点を補うマルチタスク化がヒントとなる。
- 部下一人ひとりの名前が刻まれるように仕事をさせよう。

14 期限を設ける。

●あえて期限を設定する

仕事には必ず期限を設けましょう。そうするとモチベーションが引き出せます。期限が曖昧な仕事にも期限を付けましょう。

期限を設けると、仕事にメリハリが出て達成感を感じることができます。期限が設定されず、ダラダラとやると、達成したとしても達成感を感じることができません。

あらかじめ最終期限が設定できない場合は、当初の目標期限だけでも設定しましょう。期限は複数回設定しておくと、ペース配分の目安としても機能します。また、高い目標を適度な高さの目標に分解することで、達成感を何度も味わえることにも繋がります。スケジュールが示されないと人は不安になります。プランがないと登山は無理です。

●期限は部下と合意して決める

期限は上司が最初に示すとしても部下の理解を求めましょう。一方的に設定すると問題が発生します。その期限で本当に無理がないかあらかじめ部下に確認することが必要です。そして肝心なのは、その期限設定について部下にもコミットさせることです。そのことで、納得感が増し、責任感が深まります。押し付けられた期限ではなく、自分でも決めた期限と部下が受け止めることが大切です。具体的には「この期限までにやれる？」と一言添えるだけでも意味があります。

部下は、期限内にやり遂げると達成感を感じます。また、期限より早くやれた場合は、有能感も感じます。仕事に期限を設け、モチベーションを引き出しましょう。

Point

- 仕事に期限を付けると、達成感を感じやすくなる。
- 当初の目標期限だけでも設定することは、ペース配分の目安となり、また、高い目標を適度な目標に分けてモチベーションを引き出すことにも成功する。
- 一方的に押し付けず、部下にあらかじめコミットさせ、部下も決めた期限にしよう。

15 休ませる。

●常に目標を掲げていると、逆にモチベーションが下がる

部下のモチベーションを常時引き出そうとして、常に目標を掲げ部下を休ませまいとすると、モチベーションは逆に下がってしまいます。山登りでも「何合目まで登れば少し休める」と思うから頑張れます。どこまで登っても休むことが許されず、たとえ頂上に到着してもすぐに下山を命じられては、もう二度と山に登ろうとは思わないでしょう。

ワーク・ライフ・バランスが重要であることは浸透しています。しかし、そもそもなぜワーク・ライフ・バランスが重要であるかを忘れてしまっているきらいがあります。ワーク・ライフ・バランスは、職員個人だけにメリットがあるのではなく、いい仕事をするためでもあります。

●仕事はメリハリ

人はロボットではありません。消耗もするし、感情もあります。四六時中上司が目を光らせ、目標達成を求めて休むことを許されない。そんな状況では部下は、意図的にペースを落とし自分を守ろうとします。見せかけの貢献ではなく、本物の貢献を実現したければ、時には休ませることが肝要です。

仕事にはメリハリが必要です。部下のモチベーションを引き出すには、常に緊張させてはいけません。頑張るときは頑張らせ、休ませるときは休ませる。その緩急のバランスを上手くとる上司が部下のモチベーションを引き出せます。

もちろん、上司自身もワーク・ライフ・バランスの実践者となりましょう。

Point

・ワーク・ライフ・バランスは、いい仕事をするためでもある。
・仕事にはメリハリが必要である。
・仕事に一区切りがついたときは、次の目標設定までに時間を置き、心身ともに休ませよう。

16 目標は部下に決めさせる。

●目標を間違って設定すると

目標を正しく設定することは、部下のモチベーションを引き出す上でとても大事です。正しく目標を設定すると、達成感を感じさせモチベーションを引き出すことができます。しかし、間違って設定すると、目標が逆にモチベーションを下げてしまいます。

最近は、新たな人事評価制度が導入されています。人事評価制度の多くは、業績評価と能力評価の二つから構成されています。そして業績評価は、MBO（目標管理）という方法を用いて行われるのが主流です。目標管理による業績評価は、評価期間前に目標を決め、評価期間中にその目標がどれだけ達成できたかを軸に評価する方法です。目標は評価される部下が事前に人事評価シートに書き込み、上司に提出しそれを基に期首面談で決定します。上司は人事評価制度のルールに則り、組織の目標と職員の目標が整合的か、検証可能か、現実的か、期限内に達成可能かなどさまざまな点をチェックし、必要な場合は部下に修正を求め、再提出させるというのが一般的なプロセスです。

この過程の中で最も大事な点は、「目標はあくまで部下自身が決める」という点です。実は上司が一方的に修正を指示したというケースは少なくありません。しかし、人事評価制度のそもそもの目的を思い起こす必要があります。人事評価制度はモチベーションを引き出す手段です。

●目標をノルマにしない

もう一つ、モチベーションを左右する重要な要素は「自律性」です。

そもそも、MBO（目標管理）とは「目標だけで管理する」という意味です。自律が前提です。MBOは、Management By Objectivesを省略したものですが、ドラッカーはその後にand self-controlと続けています。そもそもドラッカーの提唱したMBOはノルマ主義とは正反対の概念です。「目標を管理する」のではなく、「目標だけで管理する」のが、本来のMBO（目標管理）です。

日本ではMBOが「目標管理」と訳され、その後、人事評価制度に取り入れられました。特に、公務組織では人事評価制度として導入され、部下への管理を強化してしまう結果を作ってしまっています。本来、MBOは管理を強化するのではなく、管理を弱めて自発的に仕事ができる環境を作り出そうとしたものです。管理を強化して部下のモチベーションを下げてはいけません。そうしないためには、「目標をノルマにしない」ことが大事です。目標は決して「押し付けず、部下に決めさせ」ましょう。

目標まで管理し、管理を強化すると、部下から自律性を奪いモチベーションを下げます。裁量を与え自律性を確保することが何より大事です。目標は必ず部下に決めさせ、ノルマにしないように心がけましょう。

Point

- 目標管理の本来の趣旨は、「目標だけで管理する」ことである。
- 上司が一方的に目標を決めてしまうと、ノルマとなり、部下のモチベーションを下げる。
- 目標は必ず部下に決めさせ、自律性を確保し、モチベーションを引き出そう。

17 部下に合わせた対応をする。

●関係性は重要な要素

同じ行為を上司が部下にしても、モチベーションが上がる部下とそうでない部下がいます。モチベーションのカギは実に多様です。性格の違いが大きく影響しているからです。関係性もモチベーションを引き出す重要な要素とされています。チームで仕事をさせると関係性が生まれ、モチベーションを引き出せます。しかし、これも全ての人に当てはまるわけではありません。「関係性」というカギで全ての人のモチベーションのドアは開けられないのです。中には、チームで仕事をするとなると途端にモチベーションを下げてしまう人もいます。

●部下に合わせた対応をする

上司は、部下一人ひとりのモチベーションのカギを見つけ、それを使って効果的にモチベーションを引き出すことが求められます。「部下によって対応を変える。」これは対人関係の基本中の基本です。「部下に合わせて対応を変えること」と「部下を公平に扱うこと」は何ら矛盾しません。一律な対応により不公平を生むことさえあります。性格、能力、職務経験、職階などが全て異なるにもかかわらず同じように対応するということは、結果として多くの部下にとって適合しないマネジメントをすることになります。

部下一人ひとりを見ないで一律のマネジメントをすることを「公平なマネジメント」と誤解してはなりません。多様なマネジメント方法を習得し、部下に合わせて使い分ける。そして同時に部下に対し公平ではあり続ける。そんなマネジメントスキルを身につけ、部下のモチベーションを引き出しましょう。

Point

- モチベーションが上がるカギは人それぞれ違う。
- 部下一人ひとりに合わせた対応をすることは、決して不公平を意味しない。
- 多様なカギを見つけ使えるよう、モチベーションマネジメントスキルを身につけよう。

18 見張るのではなく見守る。

●時には見て見ぬふりをする

上司が部下の行動を「支援の意識」で「見守る」のと、「管理する意識」で「見張る」のとでは、部下のモチベーションは天と地ほど違ってきます。「見張られている」と部下が感じるとモチベーションは下がります。一挙手一投足まで観察され、何かあると上司がすぐにそれに反応するような状況です。上司と部下の物理的な距離も近いのが日本の職場の特徴です。公務組織の多くはオフィス環境にも恵まれず、また、新しく立てた庁舎でも厳しい基準があり、人と人との距離が近い環境での仕事を余儀なくされます。

現在の狭い執務室で上司と部下が近距離で仕事をする環境は、人間工学的にも問題があると言わざるを得ません。しかし、今後ともオフィス環境が大きく改善されることは期待できません。そこで、上司の行動が大事になります。上司の目線を感じるだけでストレスになる部下もいます。部下に不要なストレスを与えず伸び伸びと仕事をさせるには、見張るのではなく、見守る行動を具体的にとることが必要となります。具体的には、細かな指示や命令を抑える。見て無いように見るには、時に「見て見ぬふり」をすることです。

些細なことまで注意すると、善意からにせよ部下からすればそんなところまで監視されているのかと思い窮屈な気持ちになります。大きなミスに繋がりそうでもない限り「見て見ぬふり」も時には大事です。

●上司と部下という関係自体が部下のストレス

職場における上司と部下という関係はそもそも部下にとってはストレスになり得ます。通常の社会では対等な関係であるはずの人間関係を、職場内の立場の違いによって対等ではない関係にしているからです。本来フラットであるべき人間関係を組織内ルールでフラットにしていない分、上に立つ上司の方が配慮すべきと理解すべきです。

部下のストレスレベルに配慮する必要があります。ストレスとモチベーションの関係は複雑です。適度なストレスはモチベーションを引き出します。しかし、ストレスが過剰になると今度はモチベーションを下げてしまいます。部下のストレスレベルを上手く調整することが部下のモチベーションを引き出すことに繋がります。

そのことは、上司は部下のモチベーションを引き出そうと過剰に動くと、むしろモチベーションを下げてしまうおそれがあることを意味します。上司がすぐに右往左往すると部下は安心して仕事に打ち込めません。部下のモチベーションを引き出すためには、上司は腰を据えてゆったり構えることも大事です。上司は自分の行動によって不用意に部下のストレスレベルを過剰に上げてしまっていないか注意が必要です。

過剰なストレスはモチベーションを下げることを理解し、「見張る上司」ではなく「見守る上司」を目指しましょう。

Point

- 過度なストレスはモチベーションを下げる。
- 過剰に反応し右往左往する上司は、部下を不安にしてストレスを上げている。
- 時には「見て見ぬふり」をして、「見張る上司」でなく「見守る上司」となろう。

19 文章を直し過ぎない。

●部下の文章は全面的に添削すべきではない

「部下の文章を責任持って具体的に直すのが上司の役割」と教わってきた人からすると「文章を直しすぎない」ということが果たして部下のモチベーションを引き出す手法なのかと疑問に思われるかもしれません。上司たるもの部下の文章を上手に直せるよう文章力を磨いておくべしというのはその通りです。しかし、部下の文章を全面的に添削すべきではありません。

なぜなら、部下の文章を「上書き」のように全面的に書き直す行為は、部下からさまざまなモチベーションの要素を奪う行為に他ならないからです。上書きするような直し方は、「達成感」、「自律性」、「有能感」といったモチベーションの要素を奪います。文章を直す場合は、必要最小限に行うことが肝心です。

「上司自らがやってみせるのが、育成の基本では？」と疑問に思われるかもしれません。育成とモチベーションの関係は複雑です。モチベーションが高まれば育成に繋がることがあります。しかし、育成とモチベーションが常に両立する訳ではありません。文章を直す行為は育成には必要でも、モチベーションを下げるリスクがあります。だからこそ、両立を図るため、必要最小限に留めることが必要になってきます。

●部下を他律的にしてはならない

モチベーションと育成の両立を図るためには、文章の一部については上書きするほど直したとしても、文章の全ては添削しないという方法がよいでしょう。

私は、「課長になったら自らペンを持ってはならない」と考えて来ました。もどかしい自分の気持ちを抑えてでも、部下を他律的にしてはならないと考えたからです。

文章を添削された場合、面前で不満を漏らす部下はいません。しかし、面前で直されることに納得する部下ばかりではありません。文章は手段です。内容の修正であれば内容の修正を指示すれば足り、文章力が足りないせいであれば、手本となる過去の文章に当たらせば済みます。

昔は部下が紙で上司に提出し、上司は文字通りペンを取り、赤色インクで加筆修正をしました。その方法だと元の文章をできる限り活かそうとして一定の抑制が働きます。しかし、今は部下に上司宛てに電子情報で文章案を送らせ、上司自ら修文することも珍しくありません。抑制が働かず全面的に上書きして趣味レベルと言える修正までしてしまうことも増えました。

上司の修正が客観的に見て改悪である場合もあります。言質をとられない「お役所言葉」への変換に過ぎない場合もあります。部下の文章案にはそのような言葉を改革しようという思いが込められているかもしれません。それを書き直すとモチベーションは下がります。

上司は部下の文章を添削し、全面的に書き直すようなことをしてはなりません。できるだけ「部下の仕事」として残すよう配慮しましょう。そのような配慮が部下のモチベーションを引き出します。

Point

・部下の文章を直しすぎる行為は、モチベーションを引き出す要素を部下から奪う行為に他ならない。
・育成とモチベーションの両立を目指そう。
・修正は最小限に留め、「部下の仕事」として残るよう配慮しよう。

20 組織外の活動を応援する。

●ネットワークを広げる

現在、職場外の活動に自主的に参加する自治体職員の熱気には目を見張るものがあります。単なる親睦会ではなく、自治体が共通に抱えるテーマについて真剣に学び合うオフサイトミーティングがまさに典型です。身銭を切り土日開催にもかかわらず多くの人が集まり切磋琢磨し、ネットワークを広げる。その姿勢には本当に頭が下がる思いです。

自分達の仕事をより意味のあるものにして、公務員としての本来の使命を果たすという純粋な気持ちがそうさせています。もし部下にそのような組織外の活動に熱心な職員がいれば、上司は理解して支援してください。

私が過去講師を務めた幹部研修において、このような若手職員の活動に対して厳しい意見を聞いたこともあります。典型的な意見は、「目の前の仕事に全精力を費やせばそんな余力は無いはずだ」というものです。しかし、決してそうではありません。エネルギーは一定ではありません。モチベーションによってエネルギーの量は変動します。他から刺激を受けることで、エネルギーの量は大きくなります。

●多様性を身につける

ワーク・ライフ・バランスを仕事と生活をしっかり仕分けてバランスを採り、仕事を生活に持ち込んではならないと理解する人もいます。しかし本当にそれがその人にとって幸せでしょうか。仕事で生活を犠牲にしてはならないことは確かです。しかし、仕事が常に私生活と対立軸にあるように捉えるのには疑問があります。ライフを生活ではなく人生と捉えれば、仕事を人生から切り離すことはできません。仕事と生活を対立軸に置く考えは、仕事を生活の手段と位置付けてしまいます。

多くの公務員は仕事に金銭以外のものも求めています。土日開催のオフサイトミーティングに参加する公務員の心に、仕事のために生活を犠牲にしたという気持ちはありません。仕事と生活に境界線を設けず連続性を持って理解し、仕事も生活も充実させる。そんな気持ちだと思います。

行政サービスを向上させるためにも、視野を広げ、一人ひとりの職員が自分の中に多様性を持つことが必要です。民間企業の働き方改革の目的には、ワークライフバランスを実現し多様性を身につけ、革新を起こすことが明記されていたりします。多様性を身につけることで職員は、自分や自分の所属する組織を客観視できるようになります。組織への健全な貢献意識を生むことにも繋がります。

部下を組織に縛り付けるよりも、部下を解放し伸び伸びと組織外の活動でも活躍できるよう応援しましょう。その方が部下のモチベーションを引き出し、今の仕事にもプラスになります。

Point

- モチベーションによってエネルギーの量は変動する。
- 応援された部下は多様性を身につけ、今の仕事に対してもモチベーションを上げる。
- オフサイトミーティングなど組織外の活動に参加する部下を積極的に応援しよう。

COLUMN

対策が逆に組織的不祥事を増やしてしまう怖さ

組織的不祥事を起こした組織を再生するのに、「事業再生」の方法を用いてはなりません。間違った方法で再生を図ると、むしろ組織的不祥事を起こしやすい組織にしてしまいます。

組織的不祥事の多くは高い業績を出している組織に発生します。個人と個人の距離が近く、皆が同じ方向を向いている組織に多く発生します。

「集団的凝集性」という言葉があります。これは集団が構成員を引き付けて、その構成員が集団の一員となるように動機づける度合いのことです。

集団的凝集性が高いほど、組織そのものの拘束力や成果が高い傾向にあると言われています。

しかし、凝集性が高いことにはデメリットもあります。グループシンク（集団浅慮）と呼ばれる「集団で決定された意思の質が個人で考えたものより劣る現象」が発生しやすいとか、同調圧力が高まり「長いものに巻かれろ」といった意識を持つ人が多くなるといったデメリットがあります。

つまり、凝集性が高いことは、高い成果を出すメリットがある一方で組織的不祥事を起こしやすいといったデメリットもあると言えます。

組織的不祥事を起こした場合、この集団的凝集性を下げる必要があります。そしてその方法は、事業再生の方法とは真逆です。集団的凝集性を下げるとは、ブレーキをかけて速度を落とすことです。アクセルを踏んで速度を落とすことはできません。成果を上げながら組織的不祥事を減らすことができればそれに越したことはありませんが、両方をとることはできません。

凝集性が高すぎることから発生した組織的不祥事の再発を防止するのであれば、集団的凝集性は下げるほかありません。組織的不祥事を起こした組織が対策に事業再生の方法を用い、結果的に集団的凝集性を高め組織的不祥事を起こしやすい体質を強化させてしまう。そんな悲劇を起こしてはなりません。

人や集団は複雑です。「逆説が真」であることが多くあります。組織を健全に保つには、一定の葛藤、摩擦が必要とさえ言われます。少数意見に耳を貸し、コストをかけても内部で議論をする組織が健全な組織です。多少の効率性を犠牲にする覚悟が必要となります。効率優先に偏った価値観を正し、組織より個人を尊重すること。組織が個人を縛り過ぎず自由を与え外部との接点を作ることです。「求心力」が高過ぎる組織には、「遠心力」を与えて個人と個人との距離を広げる必要があるのです。

知っておきたい
ミニ知識

パワハラは外国人には理解してもらえない?

パワハラは日本語です。外国人には全く理解してもらえません。和製英語のほとんどは、言葉は違ってもそれに相当する本当の英語が存在します。しかし、パワハラには相当する英語さえ存在しません。

私の書いた「公務員のためのハラスメント防止対策」(㈱ぎょうせい)という本に詳しく書いていますが、我が国は職場のハラスメント防止について極めて特殊なアプローチを用いています。それは、包括的にハラスメントを捉えずセクハラ、マタハラ、パワハラと別々に規定していることです。それにより、ルールが複雑でそれぞれの定義から外れたハラスメントはハラスメントではないと解釈されてしまうといった問題が発生しています。

自治体組織は、バラバラに規定されている各ハラスメントルールを統合して部内ルールを作り、職員に周知徹底を図るという困難な宿題を背負っています。法定化されたことから、パワハラはモラルの問題からコンプライアンスの問題となりました。2020年4月までにそれを正しく行う必要があります。

あとがき

●仕事のマネジメントと人材のマネジメント

マネジメントには、二種類あります。仕事のマネジメントと人材のマネジメントです。この二つのマネジメントが上手く組み合わさった場合に組織マネジメントが完成します。仕事のマネジメントを学び実践しても、人材のマネジメントを疎かにしたのでは成果は出せません。仕事は人が行うものです。二つのマネジメントのうち人材のマネジメントは基盤であり、必要条件と言えます。仕事のマネジメントの専門家から人材マネジメントを学ぶのは、肉屋で魚を買い求めるようなものです。魚は魚屋で買いましょう。

●部下のトップとしての限界

組織内成功者だからといって必ずしも人材マネジメントの達人ではありません。創業者のトップと違い、既成組織で内部から上り詰めたトップの多くは、上司としてより部下として評価された人だからです。特に役所の場合、トップは民主的に選ばれた外部の者が占め、それを支える事務方のトップをプロパーの公務員が占めます。事務方のトップはトップとは言えナンバー2であり、「部下の中のトップ」と言えます。「部下の中のトップ」から学ぶ「上司のマネジメント」にはやはり限界があります。

●上から目線の問題

成功者には限界があります。どうしても「上から目線」となるからです。自分の限られた経験から語ると、どうしても「上から目線」とならざるを得ないのです。しかしこの「上から目線」は、人材マネジメントを行う上では致命傷となります。部下の行動を変えるには、感情に寄り添う必要があります。まず部下を理解、共感すること。そして心から感謝し、自分が間違った場合には素直に謝罪することが必要です。「上から目線」でしか部下を見られない上司は、残念ながらそのような行動がとれません。成功者であればあるほど、自分基準で部下を見ず、人材マネジメントを謙虚に学び直す姿勢が求められます。

●むすびに代えて

本書を書くきっかけは、私が全国の自治体から研修講師として呼んでいただく度に多くの参加者からいただく声でした。私の行う研修は、演習を中心にして双方向性の高い内容を基本としています。そのため、参加者の皆さんからは、「講師や参加者と意見を交わすことができてよかった。」と評価いただく一方で、「メモを取るには限界がある。本にして欲しい。」とのお言葉を多くいただきます。研修参加者のニーズに沿った研修とするために、私の話す内容は参加者次第で臨機応変にその場で決めるというのが私の研修に対する基本姿勢です。しかし、確かに全てを書き留めることは至難の業です。その声にお応えしたのが、本書です。私の人材マネジメント研修の教材的な位置づけの本でもあります。

人材マネジメントには、全ての組織、人に当てはまるような「正解」はありません。組織や人によって最適解は異なります。世の中には「わかった気になる正解主義的なマネジメント研修」が多く存在します。しかしそのようなマネジメント研修には、現場とのズレが必ず生じ、実践に結び付きにくいという致命的な欠陥があります（それでも多くの場合、実践に結び付かないのは学びが足りないせいとされ、長年にわたって同じ講師によって同じ研修が繰り返し行われたりします。）。

マネジメントに万能な正解はありません。しかし、特定の環境下での最善解は存在します。

解は状況次第であり、「外」にあるのではなく、「内」に作り出すものです。

本書は、読者の皆さんが自分の中に最善解を見つけ出すサポートを目指しています。ヒントを、公務員に特化した内容で紹介しました。

人の行動は複雑です。直観だけ、また、論理だけで判断してはむしろ最善解から遠ざかります。また組織の中での人の行動は、個人の時の行動とは違ったりします。

人材マネジメントスキルの向上は、職員に働きがいを与え、組織を活性化させます。組織をあげて取り組むべき課題です。

本書が、公務員の人材マネジメントに対する既成概念を揺さぶり、公務組織の人材マネジメント向上に向けての組織的な取り組みを少しでも後押しすることに繋がるとすれば、望外の喜びです。


公務員を退職し、フリーの研修講師となってから初めての本です。公務員人生を振り返ると、自分自身の上司としての自己評価には正直厳しいものがあります。私に限らず「頭ではわかっているけどその通りにできない」のが人材マネジメントの課題です。そのギャップを埋めるため、私自身が現場で悪戦苦闘しながら（巻き込んでしまった元部下の皆さん、ごめんなさい。）、早くから人材マネジメントに関心が向き、それがいつの間にか教える立場となり、今や本業となってしまいました。

人事院公務員研修所教授として各省庁の国家公務員を対象とした合同研修の講師を長年担当してきました。課長補佐以上の研修では、参加者の半数が民間企業からの参加者です。最先端の民間企業の人材マネジメントに関する情報は、その研修の場を通じて学ばせていただきました。また、国家公務員であった私には自治体職員の立場を完全には理解できないという限界があります。全国の自治体で研修を担当されている多くの皆さんらと日頃から長年にわたりお付き合いさせていただき、さまざまな話をお聞かせいただき、限界を克服するよう努めてきました。

本書も前二冊同様、研修で知り合った多くの皆様に触発され「書かせていただいた」本です。今、幸いにも、多くの自治体から研修講師の依頼をいただき、全国を駆け巡り、多くの自治体職員の皆さんと意見交換させていただける日々を送っています。

本書をきっかけに、新たな出会い、新たな発見があることを楽しみにしています。

◆ 著者略歴 ◆

高嶋　直人（たかしま　なおひと）
人事院　公務員研修所客員教授

早稲田大学政治経済学部政治学科卒、人事院採用、外務省ウィーン日本政府代表部一等書記官、人事院主任法令審査官、同研修指導課長、同国際課長、同総務課長、立命館大学大学院教授、人事院公務員研修所主任教授、財務省 財務総合政策研究所研修部長などを経て現職。

人事院、財務省、国土交通省、農林水産省、自治大学校、市町村アカデミー、JIAM、マッセOSAKA、東北自治研修所、千葉県自治研修センター、彩の国さいたま人づくり広域連合、岡山県市町村振興協会、岐阜県、福岡県、佐賀県、大阪市、京都市等において「マネジメント」「リーダーシップ」「働き方改革」「ハラスメント防止」「公務員倫理」等の研修講師を務める。

「公務員の公務員のための公務員による研修の実現」がライフワーク。

著書に「読めば差がつく！若手公務員の作法」（ぎょうせい）、「公務員のためのハラスメント防止対策」（ぎょうせい）。月刊ガバナンス（ぎょうせい）に「人財を育てる“働きがい”改革」を連載中。

〔連絡先〕naohitonpa@aol.com

公務員のための人材マネジメントの教科書
部下を育て活かす 90 の手法

令和元年 11 月 15 日　第 1 刷発行
令和 7 年 5 月 1 日　第 6 刷発行

著　者　高 嶋 直 人

発行所　株式会社**ぎょうせい**

〒136-8575　東京都江東区新木場1-18-11
URL：https://gyosei.jp

フリーコール　0120-953-431
ぎょうせい　お問い合わせ　検索　https://gyosei.jp/inquiry/

〈検印省略〉

印刷　ぎょうせいデジタル㈱

ISBN978-4-324-10725-6
(5108562-00-000)
〔略号：公務員マネジメント〕